Mario Valle

Montessori-Pädagogik und neue Technologien

Impulse der Reformpädagogik

herausgegeben von

Prof. Dr. Harald Ludwig

(Westfälische Wilhelms-Universität Münster)

Band 33

LIT

Mario Valle

Montessori-Pädagogik und neue Technologien

Eine mögliche Integration?

LIT

Übersetzung aus dem Italienischen von Wolfgang Wedekind

Titel der Originalausgabe:
La pedagogia Montessori e le nuove tecnologie. Un'integrazione possibile?

Diese Übersetzung erscheint durch die Vermittlung der Anna Spadolini Agency, Milano, und Schwermann Literary Agency, Essen.

Bibliografische Information der Deutschen Nationalbibliothek
Die Deutsche Nationalbibliothek verzeichnet diese Publikation in der Deutschen Nationalbibliografie; detaillierte bibliografische Daten sind im Internet über http://dnb.d-nb.de abrufbar.

ISBN 978-3-643-14265-8 (br.)
ISBN 978-3-643-34265-2 (PDF)

Verlagskontakt:
Fresnostr. 2 D-48159 Münster
Tel. +49 (0) 2 51-62 03 20
E-Mail: lit@lit-verlag.de http://www.lit-verlag.de

Auslieferung:
Deutschland: LIT Verlag, Fresnostr. 2, D-48159 Münster
Tel. +49 (0) 2 51-620 32 22, E-Mail: vertrieb@lit-verlag.de

E-Books sind erhältlich unter www.litwebshop.de

Inhaltsverzeichnis

Abkürzungen:

AÜ	=	Anmerkung des Übersetzers
GW	=	Gesammelte Werke
p.	=	page (engl.), pagina (ital.) = Seite
pp.	=	s.o., Seiten

Vorwort zur deutschen Ausgabe

Mario Valle ist als IT-Wissenschaftler, Montessori-Vater und Montessori-Dozent mit diesem Buch tief eingedrungen in das komplexe, vielschichtige Thema der Nutzung digitaler Technologie an Bildungseinrichtungen, hauptsächlich Grundschulen.

Einerseits beobachtete er interessiert die Entwicklung seines Sohnes, eines „digital native". Andererseits stellte er sich vor, welche Kompetenzen er bei Fachleuten sucht, die sich bei seinem Arbeitgeber CSCS, dem nationalen Hochleistungsrechenzentrum der Schweiz, bewerben.

Mit beeindruckendem Spürsinn und Scharfsinn ist er dann eingestiegen in die Grundlagen der menschlichen Entwicklung, in die Hirnforschung und in die Grundlagen der Montessori-Pädagogik.

Das Buch ist entstanden aus Referaten, die er für die Montessori-Zusatzausbildung von PädagogInnen in Italien entwickelt hat. So richtet es sich zunächst an Leser, denen die Montessori-Pädagogik vertraut ist.

Seine Erkenntnisse und Empfehlungen für die Schule hat er aus einer gründlichen Sichtung allgemeiner wissenschaftlicher Ergebnisse und aus der Arbeit von Maria Montessori abgeleitet. Da er diese Analyse unter Verwendung einer Vielzahl von Literaturquellen mit dem Leser teilt und erläutert, bietet das Buch auch für den interessierten Laien eine Vielzahl von Impulsen, sich selber das Feld der Digitalisierung in der Bildung zu erschließen. Auch für den (etwas unkonventionellen) Einstieg in die Montessori-Pädagogik könnte das Buch nützlich sein.

Aus voller Überzeugung kommt er zum Schluss, dass gerade die Montessori-Pädagogik ein besonders geeignetes Mittel ist, um das Kind im Entwicklungsalter von 6 bis 12 Jahren an die Digitalisierung heranzuführen und diese im Rahmen der kindlichen bzw. jugendlichen Entwicklung sinnvoll zu nutzen.

Hierbei sieht er viele Entwicklungen von Medienkonsum und Bildschirmnutzung durchaus kritisch. Als Mittel zur Entdeckung der Welt eingesetzt, bedacht und zielgerichtet, zeigt er auch die Vorteile der – Entwicklungsstufen-spezifischen – Nutzung digitaler Mittel auf.

Das Buch trifft zum Zeitpunkt seiner deutschen Veröffentlichung auf ein großes Interesse am Thema der Digitalisierung unserer Gesellschaft und speziell der Bildung: Digitale Medien sind längst Bestandteil der Lebenswelt unserer Kinder und Jugendlichen.

Der Staat setzt digitale Bildungsziele und lockt verstärkt mit finanzieller Förderung. IT-Konzerne fördern hierbei mit hohem Vermarktungsinteresse den frühen und massiven Einsatz von IT an Schulen, sogar schon an Kitas. Teilweise wird – manchmal schon ab der Grundschule – die flächendeckende Zurverfügungstellung von Computern/Tablets/ Smartphones propagiert; wie sie eingesetzt werden sollen, wird häufig erst anschließend überlegt. Andererseits wird vor Problemen durch den frühen, unkritischen Medienkonsum gewarnt, bis hin zur Mediensuchtgefährdung.

Die öffentliche Fachdiskussion wird bislang unzureichend durch Fürsprecher der Montessori-Pädagogik beeinflusst. Vielmehr werden positiv besetzte Begriffe wie „Montessori 2.0" von Dritten als Synonym für Möglichkeiten der individuellen Förderung mit digitalen Hilfsmitteln verwendet, ohne dass Montessori-Fachleute beteiligt wären. Auch wird die öffentliche Diskussion sehr häufig nicht ausreichend altersdifferenziert geführt, was zu Lasten der Klarheit der diversen Positionen zum Thema geht.

In Deutschland ist zudem unter Montessori-PädagogInnen häufig eine skeptische Haltung gegenüber digitalen Medien vorhanden; der Computer wurde als wenig hilfreich für die Lern- und Persönlichkeitsentwicklung angesehen, in Teilen sogar vor der Sekundarstufe rundweg abgelehnt. Es bleibt derzeit den aktiven Praktikern weitgehend überlassen, ihre eigenen Deutungen und Ableitungen vorzunehmen.

Dabei hat gerade die Montessori-Pädagogik einen eigenen, auf die individuelle Entwicklung des Kindes fokussierten Beitrag zu aktuellen Fragen der Digitalisierung anzubieten. Aus der Pädagogik ergeben sich für die Montessori-Praxis hilfreiche Grundsätze:

- Technologie ist heutzutage Teil einer Entwicklungsstufen-gerechten Vorbereiteten Umgebung, für deren Schaffung hinreichend pädagogisch-didaktische Vorgaben bestehen.

- Technologie sollte somit gezielt als Werkzeug oder als Hilfsmittel zum Wissenserwerb genutzt werden, nicht jedoch als Hauptmedium des Unterrichts.

So ist es sehr erfreulich, Mario Valles Buch in Deutschland mit vorstellen zu können. Großer Dank gebührt dabei Wolfgang Wedekind, Montessori-Dozent und -Lehrer, für seine große Leistung bei der Übersetzung ins Deutsche.

Es ist zu hoffen, dass das Buch zu einem gemeinsamen Verständnis beiträgt, das

1. in die Montessori-Ausbildung Eingang erhält,
2. den Montessori-PädagogInnen für ihre tägliche Arbeit mit Kindern und Jugendlichen hilft und
3. unseren Eltern einen Rahmen für ihren eigenen Erziehungsauftrag bietet.

Durch die bedächtige Abwägung von Vor- und Nachteilen und seine vielfältigen Vorschläge der konkreten Technologienutzung gibt das Buch den Schul-Praktikern reichlich Nahrung und den Erziehungswissenschaftlern viele Anstöße, neu und kreativ zu denken.

Dr. Jörg Boysen / Herbst 2018

Vorsitzender, Montessori Dachverband Deutschland

Vorwort zur italienischen Ausgabe

Die Arbeit von Mario Valle ist in erster Linie eine ausgezeichnete Darstellung der Gedanken von Maria Montessori, dieser Dame, die vom Ende des 19. Jahrhunderts kommt. Lange wurde sie als Ruine (wie der große Pestalozzi) oder als Fossil (wie der tapfere Fröbel) betrachtet. Getoppt wurde sie von dem super-leistungsorientierten Stil von jenseits des Atlantiks, der heute urplötzlich in Mode gekommen ist.

Valles Verdienst ist es, die Gedanken Montessoris der Gegenwart gegenüberzustellen, einer Gegenwart, die sich in einem Klammergriff befindet zwischen planetarischen Bedrohungen, politischem Durcheinander auf allen Kontinenten und Eltern, die in Leistungsängsten wie noch nie zuvor gefangen sind.

Wir haben die Vergangenheit vergessen, die sie, Maria Montessori, ungehört, teilweise vorbereitet hatte.

Genauso wie wir den freiheitlichen, weltlichen, respektvollen Ideengehalt ignoriert haben, der von Dewey verkündet wurde, von Adler (1) und Wallon (2); noch vor den Innovatoren des BIE Genf (3) (Ferrière) (4) und den Stimmen der 50er / 60er Jahre – Lamberto Borghi (5), Aldo Capitini (6), Rita Fasolo (7), Margherita Zöbeli (8), ldo Pettini (9) und Pino Tamagnini (10), Studenten von Freinet (11). Nicht zuletzt: Don Milani (12).

Sie wurden manchmal als Diamantspitzen toleriert, als Brillanten …

Es wurde viel hergemacht, um an der Realität eigentlich nichts zu ändern. Die üblichen Gattopardi (13).

In Wirklichkeit werden Stimmen wie die Montessoris in Viale Trastevere (14) von den Ministerialen als gefährlich angesehen, genauso wie von Politikern, Bürgern und Familien in der einschläfernden Atmosphäre der „Democrazia Cristiana" (AÜ: führende Politische Partei im Italien der Nachkriegszeit), die den wirtschaftlichen Aufschwung nach dem Zweiten Weltkrieg begleitet hat. Denn die angestammten Ängste vor Veränderungen tauchen mit jeder Neuerung auf: Auch Valle spricht mit akuten Überlegungen darüber.

Jedoch ist heute der Fortschritt der Technologie so beeindruckend und schnell, dass er plötzliche Veränderungen verursacht, die noch vor zwanzig Jahren undenkbar waren: ein echter Wirbelsturm. Das Problem, das sich stellt, ist folgendes: Wie wird die traditionelle Schule die neuen Werkzeuge auf die üblichen alten Modalitäten aufpfropfen – schweigend stillsitzenden Kindern und frontal dozierenden Erwachsenen, unangekündigten Leistungsprüfungen und andauernden Konkurrenzsituationen? Riskieren wir vielleicht nicht eine beispiellose Kollusion?

Der Misserfolg könnte nicht anders als makroskopisch und schädlich für irgendjemanden sein, wenn das System weiterhin verwurzelt bliebe in der Kombination von Nachahmung und Bewertung und der daraus folgenden Spaltung zwischen guten und schlechten Schüler. Oder wenn die Ungewissheit weiterbesteht, leicht in die von den Mitschülern isolierte und bestimmte Kategorie von BES (15) ausgegrenzt zu werden, die in fragwürdige demütigende „Eingliederungen" mündet.

Es ist das alte System, das die Mobber und ihre stillen Opfer hervorbringt. Um da Abhilfe zu schaffen, werden heute Polizisten in den Schulen geschickt … um zu unterrichten. Das ist einfacher als das Entfernen der kranken Wurzel, oder?

Eine Freundin erzählte mir, dass in der Schule, die ihr sechsjähriger Enkel besucht, ein interaktives Whiteboard eingeführt wurde, vor das die Kinder einmal wöchentlich geführt werden. Einer von ihnen wurde dafür bestraft, weil er aufstand und das Whiteboard berührte. „Die Lehrerin sagt, dass er wie immer ist; er kann nicht stillhalten", sagte der Enkel.

Zuallererst ist es notwendig, die relationale Qualität des Schulunterrichts grundlegend zu verändern, solange die Zeit dafür noch reicht… was viele übrigens schon still und heimlich bereits durch individuellen Einsatz erreicht haben. Dazu gehört, das Denken von Erwachsenen, ihre Gewohnheiten, ihre Sprache, ihr Misstrauen, mit dem sie sich an Kinder und Jugendliche wenden, grundlegend zu ändern. Wie Montessori wiederholt hervorgehoben hat, sind die Kinder die wahren Träger des Neuen. Die Männer und Frauen der Zukunft, die – wenn wir es ihnen nur erlaubten – die alten Ketten des passiven Gehorsams, der List, des Petzens und der Wiederholung mittels langweiliger Lehrbücher zerbrechen könnten, um das Leben in die Schule zu bringen, das in vielen Formen explodiert und bis jetzt vor den verschlossenen Toren der Schule halt macht.

Valle – der, so würde ich sagen, ein optimistischer Wissenschaftler ist – scheint nicht besorgt zu sein und führt uns auf diesem neuen Weg, der nach und nach zeigt, wie der Vorschlag Montessoris die sicherste Grundlage für die Optimierung des Wandels sein könnte. Er macht das in einer klaren, ermutigenden und immer effektiven Weise. Die Abschnitte mit dem Titel „Zusammenfassung“ am Ende jedes Kapitels sind als klare Auflistungen der angesprochenen Themen übrigens hervorragend. Zu dem Neuen, sei es positiv oder negativ, gelangen die Jüngeren lange vor den Erwachsenen. Denn sie sind neugierig, begierig auf eigene Abenteuer und Entdeckungen und sie ignorieren die Ängste, die Eltern und Lehrer quälen, die besorgt, wenn nicht sogar erschrocken, zurückbleiben. Sie können uns viel beibringen, aber wir hören nicht auf sie. Heute immer noch so wie in alten Zeiten.

Ja, da war dieser Junge, der klug zu den Weisen des Tempels sprach oder der andere, der in kürzester Zeit ein großer und leuchtender Kaiser wurde, ganz zu schweigen von mathematischen Genies oder großartigen kaum adoleszenten Musikern, von zarten Mädchen, die manche Vorurteile auf dem Gebiet der Malerei und sogar der Skulptur gebrochen haben... Seltene Beispiele: jedes Mal war die Decke der Erwachsenenmacht gleich parat, um alles zu verflachen und zu verschleiern.

Jetzt gibt es eine neue Präsenz: die „Digital Natives“, die Inhalte und Sprachen, die uns Erwachsenen entgehen, in Besitz nehmen und uns mit Formen der totalen Kommunikation konfrontieren, mit Erfindungen von sehr jungen Intelligenzen, die als erste das enorme Potenzial der neuen Technologien begriffen haben.

Jetzt ist es ein unaufhaltbares Meer: wir dürfen keine Minute verlieren, die Schule aus ihrer Unbeweglichkeit zu befreien.

Für diejenigen, die wie ich angesichts des Alters nur begrenzte Kenntnisse technologischer Innovationen besitzen – jeden Tag gibt es eine neue – ist dieses Buch wertvoll, bringt Ordnung, verdeutlicht, erklärt, prangert die Vor- und Nachteile an und vor allem macht es Mut.

Sein Verdienst besteht auch darin, Altersgrenzen für die erste Nutzung der neuen Technologien zu definieren: Es ist die „zweite Kindheit“, beginnend mit der Grundschule, der zweiten Entwicklungsstufe. Ausgenommen sind die Kinder im Alter von 3 bis 6 Jahren und vor allem „die ersten tausend Tage, die zählen“, die ersten drei Lebensjahre. Die Kinder werden vor Geräten geschützt, die die sensorische Erfahrung und den allmählichen Übergang von einem unbewussten Leben zu der Fähigkeit, die alltägliche Realität zu beherrschen, ausschließen.

Vor lauter Antizipation – mit der Illusion, dass je früher sie Handys und Tablets zu benutzen lernen, sie desto klüger werden – wird damit schon vor dem zweiten Lebensjahr begonnen. Das berichten Nido-Koordinatorinnen (16) und Erzieherinnen aufgrund von aufmerksamen Beobachtungen der Kleinsten.

Wir wissen, dass Kinder in diesem Alter durch Absorbieren von Gesten und Tätigkeiten ihrer Eltern lernen und sehr geschickt im Drücken von Tasten werden, zu Lasten anderer Grundfertigkeiten: Derjenigen, die den *Homo Faber*, den Erfinder und Erbauer, vorbereiten und die besonders in guten Montessori-Schulen gepflegt und verwirklicht werden.

Valle zeigt mit einer Fülle von Überlegungen die Gefahr dieses Verlustes und unterstreicht auch die Wichtigkeit, differenzierte Antworten zu den unterschiedlichen Entwicklungsstufen zu geben. Auch dieses Element wird von einem Schulsystem ignoriert, das mehr auf Information als auf Bildung abzielt.

Valles Werk ist wirklich bedeutsam, sehr nützlich für jeden, der die epochale Revolution, die sich vor unseren Augen abspielt, bezüglich der Kinder und Jugendlichen verstehen und begünstigen will.

Grazia Honegger Fresco

Castellanza (VA), 12. April 2017

1. Warum über Montessori und neue Technologien sprechen?

Wer eine Montessori-Schule besucht, ist oft erstaunt darüber, nicht eine Menge Technologie dort zu finden.

Wenn er seine Verwirrung zeigt, verstehen wir seine Hauptsorge, nämlich, dass diese Schule die Kinder nicht adäquat vorbereitet für eine Welt, in der Technologien allgegenwärtig sind. Ganz zu schweigen von den Gegnern der Montessori-Methode, die behaupten, sie sei alt, überkommen und nicht mehr zeitgemäß.

Das ist nicht wahr. Im Gegenteil, ich bin überzeugt, dass Montessori-Pädagogik die beste Art ist, unsere „Bewohner der Zukunft" zu schulen, denn sie basiert auf soliden wissenschaftlichen Grundlagen.

Zweck dieses Buches ist, den Leser selbst reflektieren zu lassen, wie und wann man die Technologien in der Montessori-Schule einführt, um zu helfen, das notwendige Wissen zu erwerben.

1.1. An wen es sich richtet

Dieser Text stammt aus meinen Lektionen in Kursen der Opera Nazionale Montessori (ONM) (AÜ: Italienische nationale Montessori-Organisation, gegründet 1924) über das Thema „Montessori und neue Technologien", die in erster Linie an die Montessori-Lehrerinnen und -Lehrer gerichtet sind (1), vor allem an Grundschullehrkräfte, die sich in der Ausbildung befinden oder bereits in der praktischen Tätigkeit sind. Für einige Altersgruppen werden die Indikationen operativer Art sein, für andere wird es Ideen geben, die man in den „Gedächtnisschubladen" behalten kann. Immer wieder werde ich in die Adoleszenz und darüber hinausgehen, um einen Zusammenhang zu dem zu geben, was in früheren Perioden geschehen ist. Etliche der Überlegungen sind nicht spezifisch oder exklusiv für Montessori-Schulen. Sie können auch in anderen schulischen Bereichen nützlich sein.

Was ich jedoch tue, so denke ich, kann den Teilnehmern nur teilweise helfen, denn für ihre pädagogische Arbeit brauchen sie andere Arten des

Studiums: Welche Formen, das sollten sie sich bezüglich der Technologie fragen und auch, welche Strategien sie mit ihren Kindern anwenden müssen, um die Nutzung von Technologie zu vermitteln, um nur einige Beispiele zu nennen (2). In jedem Fall können Lehrer, Eltern oder einfach Neugierige dieses Material nutzen, um die Ideen, die eine Montessori-Schule beschäftigen, noch vor und unabhängig vom Beitrag der Technologie tiefer zu verstehen.

1.2. Was können Sie erwarten?

Sie können eine Reihe von Referenzen und Ideen erwarten, die hoffentlich einen konzeptionellen Rahmen bieten, um die Probleme anzugehen, die durch neue Technologien bei der Bildung von Kindern entstehen.

Später, im 13. Kapitel, finden Sie einige Ideen für schulische Aktivitäten basierend auf Technologie; Vorschläge, um Ihre Sensibilität als Lehrer zu studieren, anzupassen und zu verfeinern.

Sie, die Sie sich bilden, müssen nicht auf das fertige Material warten, sozusagen auf Ihr technisches Album (3).

Ziel der Darstellung und des gesammelten Materials ist nicht, hier „die definitive Antwort“ auf das Problem zu finden. Ich gebe Ihnen lediglich Hinweise und Verbindungen zu den vorhandenen mentalen Mechanismen hinter dem Einsatz von Technologien, damit Sie mit den dadurch verursachten Problemen umgehen können.

Auf jeden Fall fasse ich jeweils die wichtigsten Punkte zusammen in den Abschnitten mit dem Titel „Zusammenfassung“ und im Kapitel „Ziehen wir Bilanz“.

Inzwischen können Sie ein wenig den Pioniergeist schnuppern, denn es gibt nicht viel Material zu dem Thema, das für Montessori-Schulen spezifisch ist. Was gefunden wird, ist fast immer veraltet.

Technologische Aspekte sind im Gegensatz dazu sehr gut analysiert für die traditionelle Schule, aber die Ergebnisse können nicht als solche verwendet werden, weil die zugrundeliegenden Ideen und Motivationen unterschiedlich sind.

Beachten Sie, dass diese Arbeit aus meiner persönlichen Lektüre dessen stammt, was zu diesem Thema verfügbar ist, und daher kritisierbar und verbesserungsfähig ist. Meine Kursteilnehmer haben durch Beobachtungen und Vorschläge, die aus ihrem Wissen und ihrer Erfahrung entstanden sind, zum Text beigetragen. Vergessen Sie bitte nicht, dass Sie die Lehrerinnen und Lehrer sind, die mit den in dieser Veröffentlichung behandelten Themen konfrontiert sind oder damit konfrontiert sein werden. Also verzeihen Sie mir, wenn einige Aussagen für Sie zu offensichtlich sind. Sie tragen mit Ihren Ideen und konstruktiver Kritik dazu bei, das zu verbessern, was hier gesammelt wird. Mir geben Sie damit die Möglichkeit, etwas Neues zu lernen.

Vergessen Sie nicht, dass Technologie und Hirnforschung Bereiche sind, in denen Innovation schnell abläuft. Seien Sie also nicht überrascht, wenn einige Teile dieser Notizen veralten, bevor sie gedruckt werden. So geht die Welt. Ich werde versuchen, auf dem Laufenden zu bleiben, aber wenn Sie Punkte für ein Upgrade finden, lassen Sie es mich wissen, damit ich es verfügbar machen kann, zuerst auf der entsprechenden Website und dann in einer möglichen neuen Auflage des Buches.

Die Artikel, die Sie in den Anmerkungen finden, sind nicht als Zurschaustellung von Gelehrsamkeit gedacht oder weil Sie sie unbedingt lesen müssen. Sie zeigen zuvorderst, dass die Ideen, die Maria Montessori vor einem Jahrhundert entwickelt hat, eine wissenschaftliche Grundlage haben, die Forscher und Wissenschaftler erst jetzt entdecken und sich damit beschäftigen. In diesem Buch geben uns die neuen Technologien die Möglichkeit, diese Grundlagen des Denkens Montessoris unter anderem darzustellen und zu vertiefen.

1.3. Was wir nicht behandeln werden

Wir werden keine Technologien für spezielle Bildungsbedürfnisse abdecken, ich kenne sie nicht gut genug.

Wir werden nicht die Rolle von Technologien in benachteiligten sozioökonomischen Bereichen untersuchen (4).

Wir werden über Technologie in der Schule reden, nicht im Allgemeinen. Also werden wir nur teilweise auf die Probleme eingehen, die in der Familie entstehen, zum Beispiel durch Fernsehen oder Videospiele.

Wir werden nicht die technologische Welt der älteren Kinder analysieren, was eine spezifische Behandlung erfordert.

Wir werden den Einsatz von Technologien in weiterführenden Schulen und Universitäten nicht untersuchen.

Wir werden uns für Technologien in der Bildung und in der Pädagogik interessieren, nicht aber für die administrativen und organisatorischen Bereiche.

1.4. Warnung! Gefahr!

Wir betreten ein **Minenfeld**:

- Technologien sind allgegenwärtig.
- Der Appetit der Unternehmen hat es zu einem reichen Jagdgebiet gemacht.
- Kinder wissen regelmäßig mehr als wir Erwachsene.
- Unsere Ängste und Katastrophen werden von den Medien geschürt.
- Wer Zweifel hat, erhält das Etikett „rückständig"; er versteht nicht, wo die Welt hingeht.
- Es gibt das weit verbreitete Vorurteil, dass Montessori nicht mit der Zeit Schritt hält.

All dies wird zementiert durch die Fixierung, dass das Neue gut und positiv ist einzig aufgrund der Tatsache, dass es neu ist.

Leider verzerren die großen kommerziellen Interessen, die auf dem Spiel stehen, jede gelassene Betrachtung der Rolle der Technologie in der Bildung.

Die Metapher des „Digital Natives", die Marc Prensky (5) prägte um Kinder zu identifizieren, für welche die „Muttersprache" die Sprache der Computer, Videospiele und des Internets darstellt, hat auch eine dunkle Seite.

Das Schicksal der Ureinwohner auf vielen Kontinenten ist durch gewalttätige und destruktive Kolonialisierung gekennzeichnet, gerechtfertigt im Namen der Zivilisation und des Fortschritts.

Ich hoffe, diese Buchseiten geben Ihnen nützliche Werkzeuge, um solchen Angriffen zu widerstehen und so zu vermeiden, dass unsere kleinen Ureinwohner zu früh durch allgegenwärtige Technologien kolonisiert werden, die in den Händen derer liegen, die nicht wissen wollen, was für das Wachstum der Kinder wirklich benötigt wird.

1.5. Bevor ich anfange, möchte ich mich kurz vorstellen

Ich arbeite seit dreißig Jahren inmitten von Computern in den unterschiedlichsten Bereichen der Wissenschaft. Seit 2003 bin ich am Swiss Center for Scientific Computing (CSCS) (6) in engem Kontakt mit Wissenschaftlern und Forschern, täglich mit Supercomputern und anderen führenden Technologien. Eine Tätigkeit, die bisher etwa dreißig wissenschaftliche Publikationen hervorgebracht hat (7).

Vor allem aber ist dies meine wichtigste Motivation: Vater eines Jungen, der eine Montessori-Schule besucht. Es waren seine Geschichten und was ich sah, warum ich mich dieser Welt annäherte. Dort nahmen mich die Ideen von Maria Montessori gefangen, drängten mich dazu, sie in ihrer konkreten Wissenschaftlichkeit zu studieren und die Ergebnisse dieser Überlegungen auf meiner Website mitzuteilen (8).

Ich dachte daran, in diesem Buch meine Gedanken über die Beziehung zwischen Montessori und den neuen Technologien zu sammeln, weil ich denke, dass ich die Frage von einem etwas anderen Standpunkt betrachten kann, also:

- Ich bin nicht „aus der Szene". Ich bin weder Pädagogin noch Lehrer.
- Ich habe enge Parallelen gefunden zwischen der wissenschaftlichen Welt, in der ich mich bewege, und der Montessori-Welt (9).
- In meiner Arbeit sehe ich, was benötigt wird, um die fortschrittlichsten Bereiche der Wissenschaft zu kontrollieren, um ein klares Verständnis davon zu haben, wonach wir bei Menschen suchen, die am CSCS arbeiten wollen.
- Ich bin begeistert von der Erforschung des menschlichen Geistes, davon, wie er lernt und wie er neue Ideen hervorbringt.
- Meine Arbeitstage sind von Technologie angefüllt, so dass ich nicht beschuldigt werden kann, ein Maschinenstürmer zu sein, der dagegen ankämpft.

Natürlich fehlt mir die direkte Erfahrung in der Arbeit mit Kindern, abgesehen von der mit meinem Sohn. Doch deshalb waren die Zusammenarbeit und der Austausch von Erfahrungen mit meinen Kursteilnehmern von grundlegender Bedeutung. Ein Austausch, zu dem jeder sein Expertenwissen beigetragen hat, um es dann auf diesen Seiten zu sammeln.

Jetzt beginnen wir unsere Reise mit Blick auf Maria Montessori, auf ihre Geschichte und auf die Beziehung, die sie mit der Technologie ihrer Zeit hatte.

Zuerst aber ...

1.6. Dank

Zu Beginn möchte ich Grazia Honegger Fresco danken für das Vorwort, mit dem sie das Buch begonnen hat, für die Frische ihrer Ideen und das tiefe und erfahrene Wissen der Montessori-Welt.

Chiara Onger für die sorgfältige Überarbeitung des Entwurfs und für die Montessori-Korrekturen, die sie an dem Text vorgenommen hat. Dank auch Rosa (Brescia), Vanda (Genua), Anna Maria (Sanremo) und Daniela (Trient), die mich eingeladen haben, an den von ihnen organisierten Kursen der Opera Nationale Montessori teilzunehmen. Ich danke ihnen und den vielen Kursteilnehmern, mit denen ich experimentieren und die hier dargestellten Inhalte teilen konnte.

Ich bin meinem Sohn Nicolo besonders dankbar, dass er mir die Montessori-Welt bekannt gemacht hat. Er ist ein echter *Digital Native* und war mein Berater beim Schreiben des Buches.

Vor allem möchte ich aber gerne Antonella danken, meiner Lebenspartnerin und Montessori-Abenteuer-Partnerin, die mich bei diesem Unterfangen gefördert und unterstützt hat.

1.7. Und ich biete Ressourcen zur Unterstützung an

Das zusätzliche Material, die links zu den Websites und den zitierten Dokumenten, eventuelle Korrekturen des Textes und wie man mit mir Kontakt aufnehmen kann, finden Sie auf: mariovalle.name/montessori/libro-nuove-tecnologie

Hinweis: Ich habe versucht, die Herkunft aller verwendeten Materialien korrekt zuzuordnen. Wenn mir etwas entgangen ist, lassen Sie es mich wissen, damit ich das Versehen korrigieren kann.

2. Maria Montessori und die Technologie

Maria Montessori wurde von den führenden Wissenschaftlern und Technologen ihrer Zeit hochgeschätzt. Unter ihren Anhängern waren unter anderen Thomas Alva Edison, der wohl bekannteste Technologe und Unternehmer der Ära und Alexander Graham Bell, der im Jahr 1913 mit seiner Frau Mabel die *Montessori Educational Association* in ihrem gemeinsamen Haus in Washington, DC gründete. Später war Albert Einstein ein Unterstützer der Dottoressa und beschäftigte sich damit, ihre Ideen in den Vereinigten Staaten zu verbreiten.

Ihrerseits war Maria Montessori in der wissenschaftlichen und technologischen Welt keine Fremde, wie ihre Ausbildung zeigt. Seit 1883 besuchte sie in Rom die Königliche Technische Schule „M. Buonarroti", wo sie im Jahr 1886 ihren Abschluss machte (1Ü). Die Studien der mathematischen Wissenschaften setzte sie fort am Königlichen Technischen Institut „Leonardo da Vinci" und nach ihrem Abschluss im Herbst 1890 schrieb sie sich ein in der „Facolta di scienze fisiche, naturali e matematiche" der Universität von Rom, wo sie das *„Diploma de licenza"* (2Ü) erhielt.

Springen wir in der Zeit vorwärts. Die Einführung in einen Text der 1940er Jahre bringt uns dazu, eine Montessori kennenzulernen, die sich positiv für die Technologien interessiert:

„Montessori war fasziniert von der Technologie ihrer Zeit, die sie absolut verzauberte und worin sie Möglichkeiten sah, unsere Welt zu vereinen sowie ein Mittel, durch das ein vernetztes weltliches Wissen andere unterstützen und so die Menschheit voranbringen konnte. Sie liebte Flugreisen, die Technologie des Sendens von Telegrammen und die Möglichkeit, sie zu empfangen, und während sie an Bord eines Dampfers auf hoher See war, liebte sie das Kino und erkannte sehr früh die Bedeutung des Filmens, um die Beobachtung in ihren Einrichtungen zu dokumentieren".

„AMI Journal" Some Observations On Technology (1)

Die Dottoressa bekräftigt jedoch nachdrücklich, dass das Primat ausnahmslos der Entwicklung des ganzen Kindes gegeben werden muss und dass die technologischen Mittel nicht immer auf dem Niveau der Aufgabenstellungen stehen (2):

„Ich glaube [. . . .] dass die Einführung von mechanischen Hilfsmitteln zu einer allgemeinen Notwendigkeit in den Schulen der Zukunft wird. [. . . .] Ich möchte jedoch darauf hinweisen, dass diese mechanischen Hilfsmittel nicht ausreichen, um eine totale Ausbildung zu erreichen".

Maria Montessori, Introduction on the Use of Mechanical Aids, p. 5

Es liegt nahe, Artikel zu finden, bei denen wir uns mit den besten Absichten rhetorisch die Frage stellen . . .

„Wenn Maria Montessori heute inmitten von Computern, Web und sozialen Netzwerken gelebt hätte, wie hätte sie dann über eine solche Technologie gedacht?"

. . . um dann der Phantasie freien Lauf zu lassen, unabhängig von dem, was die Dottoressa tatsächlich befürwortete (3).
Um nicht in diese Falle zu geraten und meine Ideen zu klären, stellte ich Grazia Honegger Freseo, einer der letzten direkten Schülerinnen von Maria Montessori, dieselbe Frage. Sie antwortete:

„Maria Montessori war sehr neugierig, sie hätte bestimmt versucht und studiert, was man mit Computern und sozialen Netzwerken machen könnte. Neugierig aber konkret würde sie diese verwendet haben, um diese Materialien gemäß allen anderen Materialien zu gebrauchen: Freie Wahl, Individualisierung, Selbstkorrektur, usw. . . . Erinnern wir uns, dass sie eine Frau des späten neunzehnten Jahrhunderts war und dabei mehr vorwärtsschauend als zurückblickend wirkte."

Und abgesehen davon, dass sich die Welt seit den Gedanken von Maria Montessori verändert hat, ist die Technologie heute schon Teil der Welt der Kinder. Auch wenn sie in ihren Schulen keine der heutigen Technologien einsetzte, schaute sie immer voraus mit einem Blick der Experimentalwissenschaftlerin, welche das Kind in seiner Gesamtheit sehr gut kannte. Seitdem hat sich dieses Kind nicht verändert, und Grazias Vorschläge sind durchaus wertvoll und nützlich für Ihre Arbeit. Wir nehmen die Gedanken im 6. Kapitel wieder auf.

Zusammenfassung

1. Maria Montessori ist in der Tat nicht a priori gegen den Einsatz von Technologien in der Erziehung und war überzeugt, dass es sie unvermeidlich in den Schulen der Zukunft geben werde.
2. Es ist jedoch klar, dass die Entwicklung des gesamten Kindes Vorrang hat und dass die Hilfstechnologien nicht dazu ausreichen, dieses Ziel zu erreichen. Darüber hinaus können aber Technologien in der Schule eine Hilfe sein. Sie können sich jedoch als kontraproduktiv erweisen, wenn sie Vorrang haben vor der harmonischen Entwicklung der Persönlichkeit des Kindes.
3. Man muss neugierig sein, aber auch konkret. Man muss an den Bildungswert jedes technologischen Materials denken. Wenn es diesem Zweck dient, gut; sonst ist es nicht einzusetzen.
4. Es ist notwendig es zu testen und zu studieren, wie Sie es mit allen Materialien tun,
5. vor allem aber den Gebrauch durch die Kinder zu beobachten.
6. Nur wenn es sich herausstellt, dass die spezifische Technologie sich auf dem Niveau der jeweiligen Aufgabenstellung befindet, können wir sie genauso verwenden wie andere Entwicklungsmaterialien.
7. Schließlich wollen wir uns daran erinnern, dass Maria Montessori heutige Technologien nicht kannte, aber sie kannte das universale Kind sehr gut, und das hat sich seither nicht verändert.

3. Welches sind diese „neuen Technologien“?

Bisher haben wir mehrmals *neue Technologien* erwähnt, aber wir haben noch nicht definiert, worüber wir sprechen.

Die Encyclopedia Treccani (1Ü) definiert *Technologie* als ein zusammengesetztes Wort, abgeleitet von der griechischen *„tekhne-loghia“,* wörtlich „Diskurs (oder Argumentation) über Kunst“, wo *Kunst* bis zum 18. Jahrhundert das **Know-how** dessen verstand, was wir jetzt mit dem Fachbegriff *Technik* angeben.

Die Technologie zielt daher auf die Anwendung technischer Werkzeuge in einem weiten Sinn ab, d. h. auf alles, was zur Lösung praktischer Probleme angewendet werden kann, ebenso wie mathematische, informatische und wissenschaftliche Kenntnisse.

Während eines der Kurse bei den ONM-Schulungen schlug eine junge Dame die Waschmaschine als neue Technologie vor. Abgesehen von einem Lächeln brachte mich der Vorschlag zu zwei Überlegungen: Zunächst scheint es wichtig zu sein,*neu* zu definieren. Darauf kann ich sofort antworten, denn heute bedeuten die *neuen Technologien* die Anwendungen von Informationstechnologie und Telematik auf die verschiedenen menschlichen Aktivitäten. Zweitens gab es streng genommen in der Montessori-Schule immer Technologien: Scheren zum Beispiel sind eine Technologie, weil sie die Anwendung wissenschaftlicher Erkenntnisse wie der Mechanik zur Lösung eines praktischen Problems sind. Dasselbe gilt für den Kugelschreiber, das Buch und, warum nicht, auch für die Waschmaschine. Wir müssen daher versuchen zu verstehen, was der wesentliche Unterschied zwischen diesen und den neuen Technologen ist und welche wir berücksichtigen werden.

Ein erster Hinweis wird uns von Douglas Adams, dem Autor des Buches „Per Anhalter durch die Galaxis“, gegeben, der 1999 vorgeschlagen hat, zu definieren, was mit neuer Technologie gemeint ist (Ein Witz, nicht zu ernst zu nehmen!):

3. Welches sind diese „neuen Technologien“?

1. *All das in der Welt, als du geboren wurdest, ist normal und gewöhnlich und nur ein natürlicher Teil der Art, wie die Welt funktioniert.*
2. *Alles, was zwischen deinem fünfzehnten und fünfunddreißigsten Geburtstag erfunden wurde, ist neu und aufregend und revolutionär und es kann möglicherweise Teil deiner Tätigkeit werden.*
3. *Alles, was nach deinem Fünfunddreißigsten erfunden wurde, widerspricht der natürlichen Ordnung der Dinge.*

Douglas Adams, Wie man aufhört sich zu sorgen und zu lernen, das Internet zu lieben (1)

Um nach diesen Hinweisen zu definieren, über welche Technologien wir sprechen werden, reicht es aus, zu sehen, was die Kinder und Jugendlichen von heute in ihren Händen haben. Wir denken dabei daran, dass viele Technologien nur für uns besorgniserregend neu sind, während sie für die Kinder und Jugendlichen von heute die Norm sind, weil sie mit ihnen aufwachsen. Gleichzeitig existiert eine Bandbreite von exotischen Technologien, die für uns normal waren und die ihnen fremd sind, wie das Telefon mit der Wählscheibe oder der Kassettenrecorder.

Um eine Liste von Technologien zu erstellen, die für die Schule von Interesse sein könnten, beginnen wir mit den bei den Teilnehmern beliebtesten in den Kursen, die ich abgehalten habe:

- **Computer, Laptops, Tablets, Smartphones**: die Alleskönner
- **Das Web (oder, weniger korrekt, das Internet** (2): das immense Netzwerk von Verbindungen und Informationen
- **Digitalkameras, Videokameras, Scanner, Projektoren:** Aufnahme, Wiedergabe und Bearbeitung von Bildern
- **MP3-Player, Verstärker**: um Töne, Musik und Wörter zu verwenden
- **Software und Apps** (3): sind diejenigen, die Computer zum Laufen bringen, und die wir normalerweise ignorieren.
- **Soziale Netzwerke (Facebook, Twitter, Instagram, etc.):** Interaktion und Austausch zwischen Individuen
- **Kommunikation (Skype, WhatsApp)**: Verbindung und Messaging in Echtzeit
- **Interaktives Whiteboard (LIM):** „obligatorische“ Technologie in der Schule (4)
- **E-Book**: Alternative zum Papierbuch

Diese Liste ist ein verwirrendes Wunder. Stattdessen sollten wir die Vorstellungskraft in Bewegung setzen, um uns etwas anderes vorzustellen als die traditionelleren und bekannteren Technologien. Lassen Sie uns zunächst mit einigen Vorschlägen beginnen, die nicht zu den ersten gehören, an die wir denken würden, wenn wir sie mit Schule assoziieren:

- Die Grafischen Tablets oder Tablets mit einem Stift (es ist der Stift, der den Unterschied ausmacht).
- Die 3D-Drucker (verzichten Sie auf die gesamte Bewegung des „Makers“, der die Erweiterung auf einer technologischen Basis der traditionellen Do It Yourself (DIY)-Welt darstellt, und ich denke, dass sie die älteren Schüler betrifft).
- Die Robotik.
- Die Videospiele (nicht nur diejenigen, die als „pädagogisch“ eingestuft werden).
- Die Drohnen.
- Die*Action-Cams* wie die berühmte GoPro (5).
- *Simulationsprogramme* (6).
- Die Virtuelle und die Erweiterte Realität (Virtual and Augmented Reality) (7).
- Virtuelle Welten (wie die *Second Life* Storyline (8)).
- *Makey Makey* (9) (verwandelt Alltagsgegenstände in Touchpads und kombiniert sie mit dem Web).
- Wissenschaftliche Experimente oder ferngesteuerte Teleskope (10).
- Tragbare Technologien, *Activity Tracker* und *Gesundheitsmonitore.*
- Visuelle Programmiersprachen (*Scratch* (11), *Blockly* (12) und die neuesten *Project Bloks* (13)).
- Die wissenschaftlichen Geräte, die an das Smartphone angeschlossen werden (14), oder die Apps, welche die Sensoren nutzen (15) oder die zu einem wissenschaftlichen Projekt beitragen (16).
- Interfaces, die das Senden von Befehlen mithilfe des Geistes ermöglichen (17).

Ich möchte nicht sagen, dass alle hier aufgezählten Technologien

- in der Schule von Interesse oder eine Hilfe sein können
- oder für das Alter geeignet sind, das wir analysieren
- oder dass sie einen Platz unter den Montessori-Materialien finden können

- oder dass sie bleiben und nicht in ein paar Jahren verschwinden bzw. durch andere ersetzt werden.

Ich möchte nur darauf hinweisen, dass es eine immense Palette von Technologien gibt.

Sie berühren unser Leben und das unserer Kinder und sie erfordern Ihre genaue Beobachtung und Vorstellungskraft, um zu beurteilen, was Sie in Ihrer schulischen Arbeit verwenden können und was es wert ist, analysiert und verstanden zu werden. Deshalb bin ich überzeugt, dass eine solche Liste weder vollständig noch endgültig ist.

Die Übung, die wir jetzt abgeschlossen haben, das Sammeln von potentiellen „Neuen Technologien“ für die Schule, bietet uns eine mögliche Antwort auf die eingangs gestellte Frage:

„Neue Technologien“ unterscheiden sich von traditionellen dadurch, dass sie eine gewisse Intelligenz beinhalten und eine mehr oder weniger abstrakte Vision der materiellen Realität erfordern. Diese Überlegungen führen uns an erster Stelle dazu, darüber nachzudenken, wann der korrekte Zeitpunkt da ist, Technologien in das Leben von Kindern zu integrieren, so dass sie eine Hilfe – oder aber zumindest keine Hindernisse – für ihre Entwicklung sind.

Zusammenfassung

1. *Beschränken Sie sich nicht auf das offensichtliche Nachdenken darüber, welche Technologien den Kindern helfen können. Versuchen Sie sich zu fragen: „Was würde passieren, wenn ich die Technologie X in die Schule bringen würde? Kann ich sie konstruktiv für meine Kinder verwenden?“*
2. *Wir beobachten, was die Kinder in der Hand haben und überlegen, was sie davon wohl gern besitzen möchten.*
3. *Gibt es eine „alte“ Technologie, die wir präsentieren oder welche die Kinder sogar zerlegen können? Können wir damit eine Geschichte erzählen?*
4. *Wir sind umgeben von Schlagworten, die heute populär sind: „Internet der Dinge“, „künstliche Intelligenz“, „maker“, um nur einige zu nennen. Aber wissen wir, was sie bedeuten?*

4. Das Alter für Technologie

Mit einem kurzen Blick auf die Schulwelt scheint es, als sollten wir um jeden Preis die moderne Technologie einführen. Der Pädagoge Daniele Novara warnt uns vor dieser Auffassung und ermahnt stattdessen dazu,

pädagogisch und lernend zu denken: nicht so viel und nicht einfach fragen, was die neueste Mode ist, sondern was wir tun können, um den neuen Generationen zu helfen, richtig zu lernen (1).

Wir sind uns einig, dass die Wahl der Technologie kurzsichtig ist, bevor darüber nachgedacht wird, wie das schulische Curriculum verbessert werden kann, aber an der Tatsache, dass sie in der Schule eingeführt werden sollte, gibt es wenig Zweifel.

Zur Bestätigung gehen wir zurück zu der oben genannten Passage von Maria Montessori – es war 1947, als sie schrieb:

„Ich glaube jedoch, dass die Einführung mechanischer Hilfsmittel eine allgemeine Notwendigkeit in den Schulen der Zukunft werden wird".

Wir dürfen „mechanische Hilfsmittel" nicht nur als Mittel zur Verbesserung des Lernens betrachten, wie Daniele Novara sagt, sondern wir müssen sie analysieren und studieren. Kinder werden heute in ihrem extracurricularen Leben mit Technologie überhäuft und die Schule darf nicht darauf verzichten, Schulung und Anleitung auch in diesem Bereich zu vermitteln.

Aber wann soll das geschehen?

Im Allgemeinen würde ich die Vermittlung von Technologie in der Schule nicht vor dem Alter von 6–8 Jahren in Betracht ziehen.

Maria Montessori argumentierte sehr klar, dass die ersten sechs Lebensjahre der Zeitraum sind, in dem Kinder die Welt um sich herum erkunden. Sie entwickeln ein Verständnis ihrer Umwelt durch konkrete Erfahrungen, machen sich die Hände schmutzig, gehen mit realen Objekten um. Sie benutzen die Sinne, um die Erkundungen zu verinnerlichen und so die Grundlage der Intelligenz zu schaffen (2).

Denn nicht nur die Intelligenz, sondern die ganze Persönlichkeit hängt von den gelebten Erfahrungen ab. Maria Montessori erinnert uns daran, nachdem wir über Technologien in der Schule gesprochen haben:

„Das Kind lernt durch seine Tätigkeit und erhält dadurch Gelegenheit dazu, aktiv seinen Charakter und seine Persönlichkeit zu entwickeln".

Maria Montessori, Introduction on the Use of Mechanical Aids, p. 7

Genau in diesen Jahren und besonders in den „tausend Tagen, die zählen", den ersten drei Lebensjahren, werden die Voraussetzungen der Persönlichkeit geschaffen. Alles, was die konkrete Tätigkeit des Kindes reduziert, hilft seiner Entwicklung nicht. Was lernt zum Beispiel ein Kind in einer Kinderkarre von der Welt, das sein Gesicht nicht vom Smartphone abwendet, statt sich selbst umzusehen?

Was passiert im Detail in diesen ersten sechs Jahren?

Bis zum Alter von 3–4 Jahren benutzt das Kind genau die Objekte, die es umgeben, um die Welt in Bezug auf sich selbst kennenzulernen. Erst später wird es seine Erfahrungen mit der Imagination umarbeiten. Daraus folgt, dass es bis zu 4–5 Jahren manchmal die Realität nicht von der Phantasie unterscheiden kann.

Dann wird es nach und nach die Fähigkeit gewinnen, diese zwei Ebenen zu differenzieren und eine immer größere Abstraktionsfähigkeit zu erlangen.

In dieser Phase wird dem Kind geholfen, durch die Vorstellungskraft und progressive Kapazität der Argumentation, durch die Montessori-Materialien (sie ‚materialisieren die Abstraktionen') und durch sein Bedürfnis zu erkunden. Das manifestiert sich als wahrer geistige Hunger. Diese Phase endet mit etwa 5–6 Jahren, wenn sich der Realitätssinn vollständig entwickelt hat.

Nun will das Kind zwischen sechs und zwölf Jahren aus dieser Welt heraustreten; es will die Umwelt erforschen: Physische, intellektuelle, relationale und spirituelle Bereiche, die über seine konkrete Dimension hinausgehen. Das ist genau der Zeitraum, in dem das Kind den spekulativen Plan des menschlichen Geistes organisiert, d. h. es erwirbt die Fähigkeit, abstrakte Konzepte zu begründen und seine mentalen Konstruktionen als getrennt vom Realen zu erkennen (3).

Mit etwa sechs Jahren gibt es also den Übergang von der sinnlichen und konkreten zur Abstraktionsebene. Dies ist meiner Meinung nach der wahre Wendepunkt für die Einführung der Technologie, insbesondere der Informatik, in das Leben des Kindes.

Der Grund ist, lassen Sie uns gut darüber nachdenken, dass Computer, Tablets und Smartphones uns ein „Bild unter Glas" von virtuellen Objekten präsentieren, mit denen wir nur Interaktion vermitteln können. Natürlich reduzieren *Touch-Interfaces* die Filter (Maus und Tastatur) zwischen dem Akteur und den Objekten, auf denen er agiert, aber diese bleiben letztlich Abstraktionen hinter einem Bildschirm, die jeden anderen kognitiven Kanal blockieren. Das gleiche Problem stellt das Fernsehen dar, das durch die Tatsache verärgert, dass man ferne Welten – oft verfälscht – entdecken kann, mit denen man aber nicht interagieren kann.

Es ist wahr, dass nicht alle Technologien auf diese Weise präsentiert werden, sondern nur diejenigen, die mit Akustik verbunden sind. Aber auch hier gibt es einen Filter zwischen dem Objekt (dem Sound) und dem Agenten (dem Kind), der die Wahrnehmung verändert. Es ist der begrenzte Bereich von Audiofrequenzen, (beispielsweise in einem Mobiltelefon) verglichen mit denen, die live wahrgenommen werden. Nicht nur das, auch in diesem Fall beeinträchtigt das Technologiewerkzeug viele sensorische Kanäle. Wir verstehen dies, indem wir eine Person beobachten, die eine Geschichte laut vorliest und neben der auditiven Wahrnehmung auch visuelle und kinästhetische Stimuli anbietet, die beim Hören einer aufgezeichneten Lesung fehlen. Auch wir Erwachsenen werden die Aufnahme eines Live-Konzerts nicht perfekt finden.

Ein anderes Beispiel für realen und virtuellen Kontrast bietet uns ein Bild im Internet (4), wo wir ein zwei- oder dreijähriges Mädchen sehen, das seinen Großeltern einen Drink anbietet, während es mit ihren über Skype spricht. Diese anrührende Szene zeigt auf, dass das kleine Mädchen noch nicht in der Lage ist, die reale Präsenz von der virtuellen zu unterscheiden.

Mit diesem Beispiel möchte ich nicht die Güte einer Beziehung über Skype beurteilen. Ich möchte nur betonen, dass das Kind später den ganzen Realitätssinn entwickeln wird, also müssen wir ihm helfen zu verstehen, dass Großeltern nur mit ihrem Bild auf dem Bildschirm sind.

Werden wir dann von Bildern erstaunt sein, auf denen kleine Kinder ein *Tablet* (5) verwenden? Nein, denn *„das Kind hat unbekannte Kräfte, sie können zu einer strahlenden Zukunft führen“* (6). Mit moderner Terminologie: Die Gehirne junger Kinder sind viel plastischer als unsere, so dass sie fast keine Anstrengung unternehmen, sich an neue Situationen anzupassen. Sie experimentieren, weil es ihre „Mission“ ist, zu lernen und Erfahrungen zu sammeln. Sie sind echte „Wissenschaftler in der Wiege“, wie die Wissenschaftlerin Alison Gopnik (7) sagt, die sich mit der kindlichen Entwicklung beschäftigt. Wenn wir den kleinen Kindern ein technologisches Gerät geben, werden sie Wege finden, dies in kürzester Zeit zu verwenden.

Bedenken Sie jedoch, um Verwirrung zu vermeiden, dieses Verhalten zeigt nur, dass das Kind zum assoziativen Lernen fähig ist (ich versuche – ich klicke – ich schaue), was weder mit der Intelligenz zu tun hat, noch mit seiner Leistungsfähigkeit (8). Für kleine Kinder zählen die Gesten mehr als die Namen; für sie ist ein Objekt unwiderstehlich, das mit Gesten funktioniert.

Sie dürfen also die Technologie nicht im Kinderhaus einführen – oder gar in der Krippe!

Die Plastizität des Gehirns ist nach dem Alter von 6–8 Jahren und auch später noch vorhanden. Bei der Anpassung an neue Situationen, wie sie beispielsweise bei der Verwendung von technischen Geräten auftreten, wird das Kind nicht die Blockaden oder Ängste aufweisen, die wir haben.

Ängste von Erwachsenen entstehen aus Erfahrungen, die sie noch nicht erlebt haben, etwa beim Löschen von allem im Computer durch Drücken der falschen Taste. Aus diesem Grund wird das Kind begeistert die neue Welt des Bildschirms erkunden, indem es die beiden Ebenen von Realität und Abstraktion korrekt positioniert. In diesem Alter haben sich die kognitiven Strukturen stabilisiert, die durch die Bewegung und den Gebrauch der Hände entstanden sind, so dass der Lehrer seine Bemühungen darauf konzentrieren kann, das Kind zum Einsatz von Technologien zu leiten.

Ein weiteres Hindernis für die Einführung von Technologien im Leben des Kindes liegt in seinem Prozess des sozialen Wachstums (9).

Zuerst klären wir ein Missverständnis: Wer den Ansatz Montessoris kritisiert, beschuldigt sie oft, Individualität zu stark zu betonen. Das ist eine falsche Beurteilung, weil sie sich darauf beschränkt, nur eine Phase des sozialen Wachstumsprozesses des Kindes zu berücksichtigen.

Es ist wahr, dass wir in Bezug auf die Entwicklungsmaterialien von Individualisierung sprechen, die als persönliche Arbeit verstanden wird, denn spontane Wiederholung, Konzentration und Abstraktion können nur individuell sein.

Betrachten wir stattdessen den gesamten Entwicklungsprozess des Kindes. Von 0 bis 6–7 Jahren neigt das Kind mehr und mehr dazu, gemeinsam mit anderen zu handeln, zuerst in Paaren und dann zu einer richtigen Arbeit in einer Gruppe mit 3–4 Kindern bis zum Alter von ungefähr 9–10 Jahren.

In der Mittelstufe ist der Prozess des spontanen Wachstums des *sozialen Zusammenhalts* ein Zielpunkt. Die Arbeit in viel größeren Gruppen ist im Grundschulalter unwirksam und nutzlos.

Technologisch verändert sich zu dieser Zeit alles, nicht nur weil dies ein integraler Bestandteil der Welt der Kinder und ein wichtiges Lernmittel ist, sondern weil der Computer für sie keine Box mehr ist, sondern eine Tür; kein Instrument, sondern ein Begleiter.

Es besteht also eine gute Übereinstimmung zwischen den Technologieangeboten und den Bedürfnissen des Kindes.

Technologien, die eher isolieren, wie wir in Kapitel 5.7 sehen werden, stören soziale Prozesse in früheren Jahren, vor allem bei Kindern vor dem sechsten Lebensjahr.

Die unglaublichen Fähigkeiten des Kindes

Wenn wir uns von diesen wundervollen Fähigkeiten der Kindheit überzeugen lassen möchten, werden uns die Kinder eines abgelegenen äthiopischen Dorfes helfen, die es innerhalb von fünf Monaten geschafft haben, die Laptops des *One Laptop Per Child*-Projekts (10) ohne Anleitung zu benutzen und zu modifizieren:

Wir haben die Boxen im Dorf gelassen. Verschlossen. Mit Klebeband verschlossen. Keine Anleitung, kein Mensch zum Nachfragen! Ich dachte: Die Kinder können mit Boxen spielen! Innerhalb von vier Minuten öffnete ein Jugendlicher nicht nur die Box, sondern fand den Schalter. Er hatte zuvor noch nie einen Schalter gesehen. Er schaltete das Gerät ein.

Innerhalb von fünf Tagen nutzten sie so durchschnittlich 47 Anwendungen pro Kind und Tag.
Innerhalb von zwei Wochen sangen sie im Dorf das ABC-Lied auf Englisch. Innerhalb von fünf Monaten hatten sie Android „entweiht“. Einige Idioten in unserer Organisation oder im Media Lab hatten die Kamera deaktiviert! Die Kinder haben verstanden, dass es eine Kamera gibt und haben Android modifiziert. (11)

Unglaublich, oder? Der Bericht bestätigt, wie Kinder ohne Anweisungen die Verwendung von technologischen Werkzeugen begreifen. Sie versuchen es und sie versuchen es erneut, bis sie ein Ergebnis erhalten, das ihnen in New York wie in Nairobi entspricht.

Haben Sie vielleicht schon einmal irgendwann einen Jugendlichen gesehen, der die Bedienungsanleitung eines Videospiels gelesen hat?

Zu viele Eltern sind davon überzeugt, ganz besondere Kinder zu haben und fördern den Gebrauch von Tablets und Smartphones, um die Überlegenheit der Kinder – oder möglicherweise ihre eigene – zu zeigen. Sie vergessen, dass diese Werkzeuge so konstruiert sind, dass sie von jedermann leicht benutzt werden können.

Das Beispiel zeigt auch die Notwendigkeit, die Bedingungen und Überlegungen, die wir erfahren und machen, intelligent anzupassen, wenn wir mit sozialen Situationen in Kontakt kommen, die sich von denen sehr unterscheiden, die in unserem Lebensbereich üblich sind.

Wir haben unsere Kinder und Schüler zu sehr in Technik eingetaucht, während die äthiopischen (Kinder-) Protagonisten des obigen Berichts keine andere Möglichkeit hatten, einen Computer außerhalb der Aktion von *One Laptop Per Child* kennenzulernen und zu benutzen.

Zusammenfassung

1. Vergessen Sie die Technologie bis zum Alter von 6 oder 8 Jahren, zumindest in Kinderhaus und Krippe. Kinder müssen Abstraktionskapazität erworben haben, bevor sie darauf zugreifen können.
2. Um konkrete Erfahrungen zu sammeln, ist später früh genug. Es ist nutzlos daran zu erinnern, dass die Erfahrungen vor einem Bildschirm nicht konkret sind.

3. Seien Sie nicht überrascht, lassen Sie sich nicht von den unglaublichen Fähigkeiten der kleinen Kinder täuschen.
4. Man sollte sich nicht minderwertig fühlen gegenüber anderen Schulen, die Technologien früher eingeführt haben. Es gibt ernsthafte wissenschaftliche Grundlagen, die bestimmen, wie und wann dies zu tun ist.
5. Verzeihen Sie mir die Selbstverständlichkeit: Beobachte, beobachte nochmals und beobachte noch mehr. Die Schritte zwischen den verschiedenen Entwicklungsstadien finden nicht für alle Kinder zur gleichen Zeit statt und die Auswirkungen von Technologie außerhalb der Schule sind nicht für jedes Kind gleich.

5. Geist und Technologie, Geist und Montessori

Das Gehirn hatte keine Zeit sich weiter zu entwickeln, um sich an die Rhythmen und Bedürfnisse der technologischen Welt anzupassen. Wenn man bedenkt, dass der erste im Industriemaßstab produzierte Computer – der Apple II – im Jahr 1977, die erste Website 1991 erstellt wird, während das erste iPhone Mitte 2007 vorgestellt wird, ist klar, dass sich in diesem Zeitraum höchstens Bakterien entwickeln (1). Wenn wir in der Zeit zurückgehen, können wir nicht leugnen, dass sogar die Erfindung des Schreibens in Mesopotamien noch recht jung ist, denn sie stammt aus der Zeit von vor mehr als fünftausend Jahren. Um zu lernen, ein technologisches Werkzeug zu benutzen, hat das menschliche Gehirn keine neuen Schaltkreise entwickelt, es hatte dafür keine Zeit. Aber es hat und muss heute jedes Mal – immer wieder von vorn beginnend – komplizierte Verbindungen schaffen zwischen den ursprünglich dafür verantwortlichen neuronalen Strukturen für andere grundlegendere Prozesse, wie für das Sehen und für das Verstehen der gesprochenen Sprache.

Wie auch beim Lesen sind im Gehirn der Digital Natives zweifellos einige Veränderungen neuronaler Verbindungen aufgetreten.

Tatsächlich können wir nicht leugnen, dass die digitale Gesellschaft ihre kognitiven Fähigkeiten schneller und schneller zu Formen der eigennützigen Intelligenz verändert hat, wenn auch weniger konzentriert und analytisch.

In gewissem Sinne findet eine „Modifizierung" statt zu einer fluiden Intelligenz (2), die besser für die digitale Welt geeignet ist; eine Intelligenz, die in der Lage ist, in der Vielfalt der Informationen Sinn zu finden. Es ist nicht wirklich eine Entwicklung, aber es ist wahr, dass wir deutliche Gehirnveränderungen an demjenigen erkennen können, der ein Musikinstrument spielen lernt. Zum Beispiel: ein Pianist. Bei Übungen sind die prädisponierten Bereiche der Großhirnrinde für die Kontrolle der Finger vergrößert und die weiße Substanz verdickt sich (3). Es ist auch offensichtlich, dass das menschliche Gehirn in der gleichen Weise durch die Verwendung von Smartphones und Tablets modifiziert wird, insbesondere durch dic schnelle und häufige Bewegung der Finger auf dem Bildschirm (4). Es handelt sich dabei um die gleiche Art von Gehirnmodifikation wie bei der beschriebenen Übung (Musikinstrument). Deshalb würde ich es nicht als einen direkt mit Technologie verbundenen Effekt definieren.

Ein weiteres Zeichen für diese Gehirnveränderung ist der Flynn-Effekt, der Anstieg des durchschnittlichen Intelligenzquotienten (IQ) der Bevölkerung. Beobachtet wurde der Effekt von James Flynn im Laufe der Jahre, mit einem Wachstum um etwa drei Punkte für jedes Jahrzehnt (5). Der Effekt beruht wahrscheinlich auf einer größeren Fähigkeit, in der heutigen sozialen und kulturellen Umgebung häufig logische und abstrakte Probleme zu lösen.

Oder er könnte sich aus der Art und Weise ergeben, wie das Bildungswesen der neuen Generationen konzipiert ist und sich allmählich verändert hat: Generationen, die versuchen, sich das „selbst denken" beizubringen. Es ist daher nicht verwunderlich, dass soziale Veränderungen dieser Größenordnung zu einer allgemeinen Zunahme des IQ geführt haben.

Ab 1990 kehrt sich der Effekt jedoch um, wie eine Studie von 2008 belegt (6). Was ist passiert?

Das Beziehungsschema von Familien könnte sich geändert haben. Selbst wenn die Eltern eine ausgezeichnete Bildung für ihre Kinder wünschen, verbringen sie im Durchschnitt viel weniger Zeit mit der Erziehung zu Hause: Zeit, welche die Kinder vor dem Fernseher verbringen oder mit Videospielen, wobei sie womöglich nicht lernen zu denken. Dies ist eine Hypothese nach den Ergebnissen einer neueren Studie, die von Daten über Kreativität ausgeht. Dort wird gezeigt, dass zumindest in den Vereinigten Staaten kreative Fähigkeiten bis 1990 gewachsen sind und dann zu sinken begannen (7).

Angesichts der Auswirkungen der Technologien auf den menschlichen Geist ist es für die *Medien* einfach, Publikationen wie „Digitale Demenz" (8) oder „Macht Google uns dumm?" (9) zu veröffentlichen. Sie sagen alles oder das Gegenteil von allem über die Folgen oder die Vorteile von Technologie in der Schule, während ernsthaftere wissenschaftliche Forschung ignoriert wird.

Die Realität ist, dass ich als Wissenschaftler nicht weiß, worin die langfristigen Auswirkungen von Technologien auf die kognitive und sozioemotionale Entwicklung sowie auf die Konstruktion der eigenen Identität bestehen. Ein Problem, das durch die Tatsache kompliziert wird, dass „Technologie" keine Einheit darstellt und es daher schwer zu glauben ist, dass sie eine alleinige Wirkung hat.

Trösten wir uns: Nicht nur die Wissenschaftler, auch die Pädagogen kennen oft nicht die zukünftige Wirksamkeit von pädagogischer und didaktischer Software, die sie vorschlagen und die am Ende nur anekdotische Beweise liefert.

Jetzt gehen wir zurück zu Montessori.

Die Dottoressa mochte nicht, dass ihr Vorschlag „Methode" genannt wird, also eine Reihe von Regeln, um eine Tätigkeit auszuführen.

Aus diesem Grund ist es bei der Analyse der Beziehung zwischen der Montessori.Pädagogik und der Technologie wichtig, dass wir uns darauf konzentrieren, warum bestimmte Dinge bei Montessori getan werden und dass diese Dinge auf eine bestimmte Art und Weise getan werden.

Harrington Emerson (11) war von der Bedeutung eines solchen Ansatzes überzeugt:

„Was die Methoden betrifft, so kann es eine Million geben, aber die Prinzipien sind seltener. Der Mensch, der die Prinzipien erfasst, kann seine Methoden erfolgreich wählen. Der Mensch, der an den Methoden festhält, die Prinzipien ignorierend, wird sicherlich Probleme haben."

Wenn wir damit beginnen, einige Aspekte der Funktionsweise des Geistes zu analysieren und sehen, wie die Ideen von Maria Montessori sich in perfekter Harmonie mit diesen Mechanismen befinden, werden wir keine Probleme haben. Wir werden ein tieferes und solideres Verständnis dafür bekommen, warum „Low-Tech"-Materialien wie diejenigen, die wir in einer Montessori-Schule finden, nachhaltige Auswirkungen haben auf die Entwicklung des kindlichen Geistes, viel mehr als das neueste elektronische Gerät.

5.1. Die Zeiten der Gehirnentwicklung

Heutzutage ist entgegen früheren Zeiten bekannt, dass das menschliche Gehirn bei der Geburt noch nicht vollständig entwickelt ist. Während der Schwangerschaft liefert die Natur dem Gehirn des Neugeborenen den Hauptanteil der Zellen, die es braucht, Neuronen und Gliazellen, aber es gibt im ersten Lebensjahr eine beträchtliche Entwicklung des Gehirns. Sie ist hauptsächlich durch zwei Prozesse gekennzeichnet:

1. *Myelinisierung*, d. h. das Wachstum einer isolierenden Hülle – die weiße Substanz – um die neuronalen Verbindungen herum, die ihre Übertragungsgeschwindigkeit erhöht;
2. *Synaptogenese*, das ist die Bildung von Verbindungen zwischen Neuronen, vermittelt durch Synapsen.

Die Myelinisierung wird erst zu Beginn des Erwachsenenalters abgeschlossen, sie dauert etwa neunzehn Jahre und liegt damit weit über dem Zeitraum, der von dieser Ausarbeitung abgedeckt wird.

Es ist jedoch interessant zu wissen, dass der letzte Bereich der Vervollständigung der Myelinisierung den präfrontalen Kortex betrifft. Er ist grundlegend für die Hemmung von einigen Verhaltensweisen und der Wahl von anderen, die notwendig sind, um spezifische Ziele zu erreichen. Die Entwicklung der Bereiche, die für die Gefühle zuständig sind, und derjenigen, die den Belohnungs- und den Abhängigkeits-Schaltkreis betreffen, wurde bereits einige Zeit zuvor abgeschlossen: Eine zeitliche Verschiebung, die viele Verhaltensweisen der Jugendlichen erklärt. Für die Untersuchung der Auswirkungen der Technologie ist der andere Reifungsprozess des Gehirns wichtiger, die Bildung von Synapsen.

Bei Primaten findet die Geburt in der Mitte einer besonders intensiven Phase der Synaptogenese statt, während der sich fast neunzig Prozent der Synapsen bilden, mit einer Rate von etwa vierzigtausend pro Sekunde. Die Dauer der schnellen Synaptogenesephase ist nicht in allen Hirnarealen gleichförmig, sondern sie ist kürzer in den sensorischen Regionen. In den komplexen kognitiven Funktionen, wie der präfrontalen Kortexie, ist sie viel länger. Später verlangsamt sich der Rhythmus bis in die Pubertät und stabilisiert sich dann auf den für das adulte Gehirn typischen niedrigeren Werten.

Später, zu einem bestimmten Zeitpunkt für jeden kortikalen Bereich, beginnt der Prozess des synaptischen *prunings*, das Ausdünnen von kaum genutzten Synapsen. Dieser Mechanismus führt zur Neudefinition der cerebralen Schaltkreise, die eine größere funktionelle Effizienz erreichen. Mit anderen Worten, die Verbindungen, die tatsächlich in Erfahrungen verwendet oder sogar in der Imagination genutzt werden, bleiben strukturiert und werden gestärkt, während die anderen eliminiert oder ersetzt werden.

Aus der Analyse der physiologischen Mechanismen der Synaptogenese und des synaptischen *prunings* lassen sich drei sehr interessante Konsequenzen ableiten. Diese waren Maria Montessori auch ohne entsprechendes heutiges neurowissenschaftliches Wissen bereits bekannt:

1. Die erste ist, dass die Entwicklungsmaterialien die Synaptogenese in Bereichen mit sehr unterschiedlichen Gehirnfunktionen begünstigen. Die Manipulation von multisensorischen Materialien fördert die Konstruktion neuraler Verbindungen zwischen den verschiedenen Lappen des Kleinhirns, die am Lernen, an der motorischen Kontrolle, an Sprache, an Aufmerksamkeit und vielleicht an einigen emotionalen Funktionen beteiligt sind.
   Hingegen stimuliert die Verwendung von Entwicklungsmaterialien, die auf Selbstkorrektur, Entdeckung und aktivem Lernen basieren, die Verbindungen im präfrontalen Kortex. Dies sind die Areale der Planung komplexer kognitiver Verhaltensweisen, des Ausdrucks von Persönlichkeit, der Entscheidungsfindung und der Steuerung des sozialen Verhaltens.
2. Die zweite ist die Existenz sensibler Phasen – Montessori nannte sie periodi sensitivi – für die Entwicklung bestimmter Gehirnfunktionen wie Sprache oder Bewegung. Diese Perioden ergeben sich genau aus dem unterschiedlichen Entwicklungsrhythmus der verschiedenen Bereiche der Großhirnrinde und aus dem unterschiedlichen Zeitpunkt, in dem der Höhepunkt der Synaptogenese auftritt, und dem Beginn des prunings für diesen Bereich. In diesen Perioden werden konkrete Erfahrungen in irreversible Modifikationen der Kreisläufe und der Funktionen dieser Bereiche umgesetzt. Sensible Perioden bei Menschen treten bis zum Alter von sechs Jahren auf. Danach ist das Abrufen der entsprechenden Funktionalitäten nicht mehr möglich, so dass Montessori von „einem Zug, der die Zeit verpasst hat" spricht und auffordert, diese besonderen Perioden nicht zu verschwenden.

Wir können hinzufügen: Jagen Sie nicht zu früh technologischen Trugbildern nach.

3. Die dritte Konsequenz betrifft die Bedeutung der Umwelt für die Entwicklung des Gehirns. Die berühmten Experimente an den Ratten, von Marian Diamond, Neurologe und Psychiater in den USA, begonnen in den sechziger Jahren und 1987 beendet, verdeutlichten, was die Neuropsychiater immer angenommen hatten:
Die für das Leben günstigen oder ungünstigen Umweltbedingungen bestimmen auch die cerebrale Struktur und sind für die Entwicklung des kindlichen Gehirns wesentlich. Hingegen verbesserte die Stimulierung der Gehirnaktivität lediglich den allgemeinen Tonus, jedoch mit nebensächlichen Effekten (12).

Es ist ein wenig wie wenn man sagt, dass der Salat wächst, wenn wir ihn gießen. Aber er wächst nicht schneller, wenn wir an seinen Blättern ziehen. Wir zerreißen am Ende womöglich seine Wurzeln.

Was die Technologien angeht, so beschränkt der Reifungsweg des Gehirns ihre Einführung stark:

Erstens, da es keine hypothetische „sensible Phase des Tablets“ gibt, ist der Einsatz von Technologie für die Entwicklung des Gehirns bei Kindern unter sechs Jahren irrelevant (13).

Zweitens stören die Erfahrungen, die das Gehirn nicht zu akzeptieren bereit ist, weil sie sich nicht auf die jeweilige sensible Phase beziehen. Sie stören Prozesse, die für die Entwicklung des Gehirns entscheidend sind.

Drittens: Technologische Hilfsmittel, welche die Aufmerksamkeit des Kindes vollständig vereinnahmen, indem sie es daran hindern, die Welt um sich herum zu beobachten, nehmen ihm eine wichtige Quelle von Umwelterfahrungen.

Viertens haben die Anreize, die viele Mütter einsetzen um die Entwicklung des Kindes zu beschleunigen, keine bleibenden Auswirkungen im Gegensatz zu einem familiären und schulischen Umfeld, das für die jeweilige Entwicklungsphase geeignet ist.

5.2. Die Bewegung

Der Aspekt, den wir jetzt analysieren werden, ist auch der offensichtlichste in der Montessori-Schule: die Bewegung.

Die Dottoressa sagte:

„Wenn ein Kind wachsam ist, ist es offensichtlich, dass die Entwicklung seines Geistes mit dem Gebrauch der Bewegung geschieht“. (14)

Diese Aussage beruht auf Beobachtung. Es hat es vieler Studien bedurft, welche die Funktion und die Bedeutung motorischer Bereiche in der Physiologie des Gehirns neu bewertet haben. Studien, die gezeigt haben, dass

„die gleiche starre Grenze zwischen perzeptuellen, kognitiven und motorischen Prozessen weitgehend künstlich ist: Nicht nur erscheint die Wahrnehmung in die Dynamik der Handlung eingetaucht, was zu mehr artikulierten und zusammengesetzten Wörtern führt, die jemand weitergegeben und gedacht hat, sondern das Gehirn, das agiert, ist auch vor allem ein Gehirn, das begreift“ *(15).*

Dies hat Giacomo Rizzolatti beobachtet, der mit seinem Team die Spiegelneuronen entdeckte. Zusammen mit ihm haben viele Wissenschaftler die Gehirnentwicklung mit der motorischen Entwicklung verbunden:

Adele Diamond (16), für die *„motorische und kognitive Entwicklung grundlegend miteinander verbunden werden können“*, Cotterill (17), der zeigt, wie *„Kognition untrennbar mit Bewegung verbunden ist, sowohl in sichtbarer als auch in versteckter Form“*, Koziol und Budding (18), für die*„Erkenntnis nur eine Erweiterung des motorischen Systems“* ist.

Vielleicht ist zusätzlich zu all diesen wissenschaftlichen Erkenntnissen der Fall des von Berthoz erwähnten Ascidiums (Seescheide) (19) bedeutungsvoll:

Die Seescheide hat nur als Jungtier das Gehirn, das Auge und den Gleichgewichtsapparat aufgebaut, wenn sie sich bewegen muss, um sich für den Rest seines Lebens zu verankern. Danach frisst sie die Organe auf.

Die Dottoressa hat die Schlussfolgerungen all dieser Experten vorweggenommen und zusammengefasst:

„Die Bewegung muss aus einem neuen Blickwinkel betrachtet werden. Wegen Fehlern und Missverständnissen wurde sie immer als weniger edel angesehen als das, was sie ist: Besonders die Bewegung eines Kindes, das im Bildungsbereich leider vernachlässigt wurde, wo dem intellektuellen Lernen alle Bedeutung beigemessen wird. Nur die physiologische Erziehung hat die Bewegung betrachtet, aber ohne ihren Zusammenhang mit der Intelligenz zu erkennen“. (20)

Wir sprechen also nicht von „Übung“, „motorischer Erziehung“ oder „Spiel“, weil die Bewegung für Montessori einen autonomen Charakter hat. Aber niemals ist sie Selbstzweck, weil sie den Geist entwickelt, zusätzlich den Körper, dank **gezielter Aktivitäten, die den ganzen Menschen in eine konstruktive Tätigkeit einbeziehen**.

Als Lehrer muss ich mich fragen: Soll ich die Technologie in der Schule einführen und damit die Bewegung unterstützen? Denn wenn es nicht geschieht, nimmt man den Kindern die wichtigsten Mittel der kognitiven Aktivität weg. Beginnen wir damit, zu analysieren, wie Kinder ihre Hände benutzen. Dadurch erkennen sie die essentielle Bewegung, um die kognitiven Funktionen auf höchstem Niveau aufzubauen.

Um ein konkretes Beispiel zu geben: Die Verwendung eines Tablets hemmt die Bewegung, wenn es nur im Klassenzimmer benutzt wird.

Während einer Aktivität im Wald hingegen ist das Tablet der Bewegung untergeordnet und kann gleichzeitig eine nützliche Ergänzung sein, indem es zur Unterstützung als Informationsquelle usw. dient.

5.3. Die Hände

Für Montessori beginnt Intelligenz mit Handeln und de facto, mit der Hand:

„Die Hand ist das feine und komplizierte Organ mit seiner Struktur, die es der Intelligenz nicht nur erlaubt, sich zu manifestieren, sondern auch in besondere Beziehungen mit der Umwelt einzutreten: Der Mensch, kann man sagen, „nimmt die Umwelt mit seiner Hand in Besitz“ und transformiert sie unter der Leitung seiner Intelligenz. So erfüllt er seine Mission im großen Bereich des Universums.“

Maria Montessori, Il segreto dell’infanzia, p. 108

Wir nehmen die Umwelt mit der Hand in Besitz, und gleichzeitig lernen und entwickeln wir unsere Intelligenz durch Erfahrungen. Wenn wir dies erleben, ohne uns dessen bewusst zu sein, hypothetisieren wir einen bestimmten Effekt durch eine unserer Handlungen. Wir führen sie aus und erhalten ein Rücksignal (Feedback), das anzeigt, ob unsere Hypothesen richtig waren. Wenn dies nicht der Fall ist, ändern wir die Aktion, beobachten die generierte Rückmeldung und wiederholen den Zyklus, bis wir die richtige Vorgehensweise gelernt haben.

Schauen wir uns zum Beispiel ein Kind an, das aus dem Glas trinken kann. Am Anfang wird es nichts im Mund haben, weil es das Glas mit den Händen zu wenig neigt. Dann wird das Kind nass, weil es das Glas zu stark neigt, aber am Ende wird es die richtige Position finden. Feedback, insbesondere taktile Rückmeldung durch die Hände, ist daher grundlegend für das Lernen und damit für das Wachstum. Wir können folglich bestätigen, dass wir buchstäblich **mit unseren Händen lernen** (21).

Wir lernen nicht nur, *„wir könnten sagen, wenn der Mensch denkt, denkt und handelt er mit seinen Händen“* (22). Susan Goldin-Meadow (23), studiert die Konvergenz zwischen Gesten, Zeichen, Gedanken und Worten, Sie hat entdeckt, dass Gestikulieren während des Sprechens, auch wenn niemand uns sehen kann, das Denken erleichtert und Überlegungen reflektiert, die nicht mit der Stimme ausgedrückt werden (24). Nicht nur das, sie hat gezeigt, dass diejenigen, die gestikulieren, besser lernen (25), insbesondere Mathematik und dass sie einen schriftlichen Text besser verstehen (26). Die Ergebnisse werden durch die angenehme Entdeckung für uns Erwachsene bestätigt, die sich fast dreißig Prozent mehr merken, wenn sie beim Zuhören auf einem Blatt Papier kritzeln (27).

Die Verwendung der Hände, um das Denken zu erleichtern, kann als Teil eines umfassenderen Konzepts betrachtet werden: **Denken durch Tun**.

In diesem Zusammenhang erinnerte Montessori daran, dass *„Bildung [...] nicht durch das Hören von Worten erworben wird, sondern aufgrund von Erfahrungen in der Umwelt“* (28), und dass konstruktivistische Ideen in ähnlicher Weise erklären, dass *„Wissen im Geist des Lernenden* erbaut *ist“* (29).

Mit anderen Worten, Wissen kann nicht übertragen werden, denn jeder muss es in seinem eigenen Bewusstsein aufbauen.

So ist es in einer Montessori-Schule, wo der Lehrer nicht unterrichtet, kein Wissen in dic Köpfe der Schüler gießt, sondern als Helfer und Leiter Möglichkeiten schafft, Erfahrungen zu sammeln. Auch mit dem Einsatz von Technik funktioniert das. Die Kinder versuchen und versuchen es erneut, tauschen Erfahrungen aus und teilen Erfolge, lesen aber nicht die Anleitungen!

Marc Prensky hält dies für einen sehr positiven Effekt der Technologie, weil er bei den *Digital Natives* eine *„digitale Weisheit oder Intelligenz"* findet, die von *„learning by doing"*, und nicht von der Technologie selbst herrührt.

Was folgern wir daraus für diese Ausarbeitung? Wir folgern daraus, dass die Intuition von Maria Montessori bezüglich der Bedeutung des Agierens mit den Händen eine solide wissenschaftliche Grundlage hat und dass jede Technologie, die dieses Handeln einschränkt, die Entwicklung des kognitiven Systems des Kindes nicht unterstützt. Man kann argumentieren, dass man mittels seiner Finger mit *Tablets* interagieren kann. Aber wenn man über das Schreiben spricht, ist es nicht dasselbe. Auch wenn man auf einer herkömmlichen Tastatur tippt, sind die aktivierten Gehirnbereiche nicht die gleichen wie wenn man mit dem Stift schreibt.

Stattdessen hat der Gebrauch der Hände tiefgreifende Auswirkungen auf die Interaktion mit Technologien, weil wir reale Objekte manipulieren müssen, um zu lernen, wie man abstrakte mentale Repräsentationen manipuliert. Denn mit letzteren gehen wir um, als wären sie physische Objekte. Ein Verhalten, das durch das berühmte Experiment von Shepard und Metzler demonstriert wird (30).

Die Manipulation von mentalen Repräsentationen ist grundlegend sowohl für die Montage eines IKEA Möbelstückes als auch für das Studium eines Moleküls, das sich in seiner graphischen Darstellung in einem künstlichen Visualisierungsprogramm bewegt.

In beiden Fällen wird die Fingerfertigkeit benötigt, wie sie bei kleinen Kindern beim Umgang mit physischen Objekten beobachtbar ist. Beispielsweise bei den Montessori-Materialien der geographischen Puzzle oder bei den Einsätzen aus Holz bzw. Metall.

„Um dieses Ergebnis zu erreichen, ist der Prozess anders als der gewöhnliche: er soll den Gedanken nicht auf eine Idee fixieren: Er soll ein Objekt neu positionieren und es vor den Sinnen halten, es mit kontinuierlichen Bewegungen bewegen, um es mit Bildern sorgfältig zu reproduzieren (Zeichnungen, Malereien, Papierarbeiten usw.).“

Maria Montessori, Psycogeometria, p. 50

Betrachten wir eine Studie welche die mathematischen Fähigkeiten mit denen der räumlichen Orientierung verbindet (31), insbesondere mit der Fähigkeit, LEGO-Bausteinstrukturen zu kopieren und zu rekonstruieren (32). Warum diese Beeinflussung? Weil selbst eine einfache Aufgabe wie diese die Handhabung von Strukturen im Kopf und die Mathematik voraussetzt, ist sie, um eine moderne Definition zu benutzen, die „Wissenschaft von den Entwurfs- und Gestaltungsformen“.

Die Hirnareale, die die feinen Bewegungen der Hände steuern, sind sehr nah an denjenigen, die uns die geometrischen Formen und die ungefähre Menge erkennen lassen. Der symbolsprachliche Bereich hingegen, der traditionell am Verständnis der Mathematik beteiligt ist, ist sehr weit entfernt von diesen Arealen des Gehirns. Es ist daher notwendig, das Gehirn zu trainieren, dieses Gebiet und den Bereich, der für das Erkennen der Formen verantwortlich ist, gemeinsam zu verwenden, wenn man es mit mathematischen Konzepten zu tun hat (33).

Sobald wir die notwendige Geschicklichkeit bei der Manipulation von physischen Objekten mit unseren Händen erlangt haben, werden wir die abstrakten Objekte leicht hinter dem Glas des Bildschirms drehen können. Wir werden mit Leichtigkeit komplexe Muster in unserem Geist handhaben, wie es die Informationstechnologie erfordert. Es braucht nicht viel Vorstellungskraft, um sich davon zu überzeugen, dass diese Fähigkeiten notwendig sind, um wie ich im Supercomputing zu arbeiten.

Noch bevor wir ein Programm für den Supercomputer geschrieben haben, müssen meine Kollegen und ich uns die Datenstrukturen im Speicher vorstellen, mit denen dies funktionieren wird. Wir müssen dann verstehen, wie man das tun kann, indem man die Repräsentation solcher Strukturen im Kopf manipuliert. Auf den Supercomputern des CSCS erzeugt es Zahlen in Quantität, die wir durch Informationsanzeigetools analysieren. Dies sind Werkzeuge die es uns ermöglichen, sie zu untersuchen und zu handhaben, um grafische Darstellungen der erzielten Ergebnisse zu erhalten. Wenn wir es mit den Händen tun können, selbst wenn es nur vermittelt und virtuell ist, müssen wir das physikalische Phänomen verstehen, das wir simuliert haben. Das ist das das ultimative Ziel aller Supercomputer.

Montessori beginnt in der Methode der wissenschaftlichen Pädagogik über einen muskulären Sinn zu sprechen, der es erlaubt, die Position der verschiedenen Teile des Körpers zu erkennen, und postuliert die Existenz eines „Muskelgedächtnisses“:

„Als ich die Bewegungen des Schreibens erzeugte, indem ich die Buchstaben auf dem Sandpapier mit meinem Finger berührte, führte ich mechanisch die psychomotorischen Wege aus und fixierte die muskuläre Erinnerung an jeden Buchstaben.“ (34)

Eine sehr aktuelle Studie (35) bestätigt diese Intuition, auch wenn sie auf das Zeichnen beschränkt ist:

„Wir haben die Zeichnung mit einer Reihe anderer Kodierungsstrategien verglichen, aber die Zeichnung war immer Gewinner. Die Teilnehmer erinnerten sich oft mehr als doppelt so stark, wenn sie gezeichnet hatten, verglichen damit, wenn sie geschriebene Wörter verwendeten“.

Die Forscher vermuten, dies könnte dadurch verursacht werden, dass die Zeichnung das Gehirn zwingt, verschiedene Arten von Informationen zu integrieren. Das betrifft die körperliche Empfindung der Bewegung der Hand, die Definition des Wortes, das der Proband zeichnet, ebenso wie das mentalen Bild der Skizze, an der er arbeitet.

Diese Entdeckung erklärt auch, warum *Mindmaps* so effektiv sind, um einen Text zu denken und zu synthetisieren. Es ist, weil Handschrift eine mächtige Hilfe für das Lernen und für das Muskelgedächtnis ist. Bei der Interpretation von Entwürfen und den Beziehungen, die wir auf der *Mindmap* zeichnen, arbeiten sie zusammen.

Letztlich haben mich IT – Anwendungen einmal mehr davon überzeugt, dass Montessoris Intuition bezüglich der Handhabung realer Objekte ihrer Zeit voraus war. Ich beziehe mich auf die Forschung über die Mensch-Maschine-Interaktion, wo wir unter anderem die sogenannten „anfassbaren“ Benutzerschnittstellen (*Tangible User Interfaces*) untersuchen. In diesen werden, um mit dem Computer zu interagieren, physische Objekte bewegt, anstatt indirekt die hinter einem Bildschirm verborgenen abstrakten Darstellungen zu bewegen:

Wenn Sie darüber nachdenken, scheint es sehr logisch, dass die Verwendung von physischen Objekten eine einfachere Verwendung einer Schnittstelle begünstigt. Unsere Hände und unser Geist sind optimiert, um mit greifbaren Objekten zu denken und zu interagieren. Denken Sie darüber nach, was Sie zu benutzen einfacher finden: eine physische Tastatur oder eine virtuelle Tastatur wie die von Mobiltelefonen?

James Patten, TED 2013 (36)

Sehr interessante Beispiele für diesen Trend sind

1. die oben erwähnten *Project Bloks*, die darauf abzielen, eine Reihe von physischen Objekten zu schaffen, die intelligent und verbindbar sind und die eine Grundlage für das Unterrichten für Kinder im Programmieren bilden,
2. sowie auch *Block Magic* (37), das klassischen Blöcken Sensoren hinzufügt, um sie mit einem Computer zu integrieren.

Als Gegenversuch hat ein zweifellos fortschrittliches Interface wie *Leap Motion* (38), bei dem Gesten in der Luft erzeugt werden, um Objekte auf dem Bildschirm zu manipulieren, viele Benutzer enttäuscht. Sie empfanden es als lustig, aber nicht als natürlich, weil sie nichts Solides mit den Händen überprüfen konnten. (39)

Ein bemerkenswertes Urteil bezüglich der *Touch-Technologie* kommt von Bret Victor, Designerin von innovativen Schnittstellen und Studentin der Zukunft der Technologie. Sie definiert diese Technologie als „Bilder unter Glas“, die *„ein Paradigma der Interaktion bei permanenter Gefühllosigkeit“* bieten.

„Es ist ein Tropfen Novocain am Handgelenk. Es negiert das, was unsere Hände am besten können. Was können Sie mit diesen „Bildern unter Glas“ machen? Es ist möglich, sie zu scrollen. Dies ist die grundlegende Geste in dieser Technologie. Sie schieben lediglich einen Finger über eine flache Oberfläche. Es gibt fast nichts in der natürlichen Welt, das wir auf diese Weise handhaben.“

Bret zitiert weiter den Neurowissenschaftler Matti Bergström:

„*Die Dichte der Nervenenden an den Fingerspitzen ist enorm und ihre Unterscheidungsfähigkeit ist fast so gut wie die unserer Augen.Wenn wir in Kindheit oder Jugend erblinden und unsere Finger nicht benutzen, verarmt dieses reichhaltige Nervennetz, was für das Gehirn einen großen Verlust bedeutet und die allseitige Entwicklung des Individuums behindert. Dieser Schaden kann mit einer realen Krise verglichen werden. Vielleicht noch schlimmer, weil ein blinder Mensch dieses oder jenes Objekt einfach nicht finden kann, denn der blinde Finger kann seine Bedeutung und seinen inneren Wert nicht verstehen*“ (40).

Wieder einmal widerspiegelt die Wissenschaft das, was Maria Montessori immer behauptet hat.

5.4. Die Stimme der Dinge

Was machen deine Hände? Die Hände brauchen physische Gegenstände, um sie zu manipulieren. In einer Montessori-Schule gibt es keinen Mangel an Materialien, um das zu tun. Das Engagement der Kinder bei der Verwendung von Materialien bringt diese in den Mittelpunkt, konzentriert sich auf Objekte, berührt sie, arbeitet mit ihnen. Die Kinder lernen und entwickeln vor allem ihren Geist.

Wir wissen, dass diese „periphere Erziehung“ nicht direkt den Intellekt des Kindes anspricht, sondern indirekt über die Sinne wirkt. Als Konsequenz ermöglichen sensorische Materialien, die Manipulation konkreter Objekte und körperliche Bewegung durch Abstraktionen zu ersetzen, denn

„*Kinder können ihre Aufmerksamkeit nicht auf Worte konzentrieren, während sie sich sehr leicht auf ein Objekt konzentrieren können. … Das Problem des Unterrichts besteht nicht darin, einen guten Lehrer zu haben, der Objekte erklärt, die nicht sichtbar sind, oder über gute Lehrbücher zu verfügen, sondern ein lebendiges Umfeld zu haben, in dem die Objekte konkret die zu lernenden Dinge darstellen*“ (41).

Diese besonderen Merkmale von Montessori-Materialien fangen das Interesse des Kindes ein und treiben es zum Handeln.

„Die Gründe für die rationale Aktivität, die dazu neigt, einen bestimmten Zweck zu erfüllen, umgeben nicht nur das Kind, sondern es ist fast eine Stimme der Dinge, *die seine Aufmerksamkeit auf sich zieht".*

Weiterhin fährt sie fort:

„Stimmen, die die Aufmerksamkeit des Kindes auf sich lenken und es zum Handeln anregen, und die Handlung, die gemäß der Einladung durch die Dinge *ausgeführt wird, gibt dem Kind diese glückliche Befriedigung, jenes Erwecken der Energie, die es für die schwierigsten Aufgaben der intellektuellen Entwicklung vorbereitet".* (42)

Die „Stimme der Dinge" ist keine Stimme, die zum Intellekt spricht.

Es ist eine Stimme, die von einem pragmatischen Verständnis von Objekten spricht, welches nur durch Handeln erworben werden kann. Aus diesem Grund spielt es bei einer Aktion keine so große Rolle, welches Ergebnis dabei erzielt wird, sondern es betrifft die Aktivität selbst.

Nicht das „etwas Bestimmtes tun", sondern einfach das „Tun", ist es, welches das Kind zu ungeahnten Höhen als Mittel der inneren Entwicklung führt.

Der amerikanische Psychologe James Gibson kommt zu einer sehr ähnlichen Definition dieser „Stimme der Dinge", auch wenn er sie mit einem anderen Namen bezeichnet: *affordance* (43).

Dieser Begriff bezeichnet die physische Qualität eines Objekts, das einem Menschen die geeigneten Handlungen vorschlägt, um es zu handhaben. Kurz gesagt, sind *affordances* eine Art „Einladung zum Handeln". Eine Einladung, die eine neuronale Basis hat, denn ein Objekt zu sehen, evoziert automatisch, was wir damit tun könnten durch die Aktivierung der sogenannten *kanonischen Neuronen,* die auf die einfache Beobachtung eines Objekts reagieren, ob nun die Absicht zum Handeln besteht oder nicht. Zum Beispiel, um es zu greifen. Das eloquenteste Beispiel ist der Krug, der offensichtlich am Handgriff gefasst werden kann ohne ein entsprechendes Handbuch zu konsultieren.

In einer Montessori-Schule konnte daher die „Stimme der Dinge" mit allen anhand der von den Entwicklungsmaterialien gebotenen *affordances* identifiziert werden: Eine Stimme, deren Wirksamkeit an der Bedeutung gemessen wird, die diese für das Kind hat.

Um zu verstehen, wie man mit einem Objekt oder mit einem Entwicklungsmaterial interagiert, bedeutet, cs zu wissen, also es ohne viele Erklärungen in Worten zu verstehen. Nehmen wir zum Beispiel die Einsatzzylinder:

Die *affordances*, die sie bieten, sind die Knöpfe und die Hohlräume, in die man die Zylinder einführt. Es gibt keine anderen *affordances*, die ablenken können. Die kleinen Zylinder nicht am Knopf zu nehmen, ist ein Problem: Wird der kleine Zylinder mit der Hand umgeben, so wird dies als eine Art des Ergreifens verworfen, sobald das Kind erkennt: Es ist so nicht in der Lage, den kleinen Zylinder in den Hohlraum einzupassen.

Zum Tablet als Objekt hingegen gibt es wenig zu sagen: Es macht kein Angebot.

Don Norman, Designer und Experte für Mensch-Maschine-Interaktion, beklagt sich:

„Wir entwerfen heute einen großen Teil unseres Designs auf Computerbildschirmen, wo die Palette der möglichen Aktionen auf das Tippen einer Tastatur, auf das Zeigen mit der Maus und auf das Klicken mit einer Maus auf den Bildschirm beschränkt ist. Bald werden wir verbale Befehle und visuelle Gesten der Liste der Interaktionen hinzufügen können: Alle diese Aktionen sind abstrakt und willkürlich in Bezug auf die tatsächliche physische Manipulation von Objekten, welchen die Kraft zu realen und wahrnehmbaren affordances innewohnt“. (44)

Mit anderen Worten: Viele der Arten unserer Interaktionen mit Informationstechnologie sind keine *affordances*, sondern erlernte Konventionen.

Der Tablet- oder Computerbildschirm lädt uns nicht zum Handeln ein, sondern lädt uns dazu ein, eine der Konventionen zu betrachten, wie z.B. den Cursor, der die Form ändert, wenn Sie auf etwas klicken, oder das Lupensymbol zur Vergrößerung, zu suchen. Denken Sie stattdessen über das alte Telefon nach. Sein Telefonhörer war eine sehr klare Einladung, ihn abzuheben. Einen Anruf mit Ihrem Smartphone zu beantworten, vor allem die ersten Male, ist in Bezug auf die Unmittelbarkeit nicht vergleichbar: Rote und grüne Symbole erscheinen und Sie müssen sich erinnern, ob Sie drücken oder ziehen möchten, um zu antworten.

Durch die Verwendung von Materialien schaffen Kinder Möglichkeiten, sich gegenseitig nachzuahmen. Objekte stellen ihren Handlungen einen

Kontext zur Verfügung, indem sie ihren Zweck klarer formulieren und so die Nachahmung erleichterten (45). Nachahmung, die nicht durch kulturelle oder Altersbarrieren eingeschränkt ist, weil das Verstehen und Verwenden von Materialien nicht nur ein intellektuelles Verständnis erfordert, während Abstraktionen im Geist leben und als solche nicht imitiert werden können. Dies ist ein weiterer Grund, warum die sensorischen Materialien abstrakte Zusammenhänge durch Bewegung und Handlung ersetzen.

Zum Beispiel gibt es ein Material, das den Begriff der Anzahl vermittelt (AÜ: Spindelkästen), verstanden als mit einem Textilband verbundene Einheiten – Holzstäben, Spindeln genannt. Diesen Einheiten wird die entsprechende Zahl zugeordnet und umgekehrt. (AÜ: Auch die Null: Der 0 keine Spindel zugeordnet.) Mit einem solchen Material kann körperliche Bewegung reflektiert und nachgeahmt werden. Dies können Abstraktion, insbesondere technologievermittelte, nicht leisten.

5.5. Das manuelle Schreiben

Ist es in einer Welt, die von Tastaturen und *Touch* Interfaces bevölkert ist, immer noch sinnvoll, über Handschrift zu sprechen? Ja, und zwar aus einer langen Liste von Gründen.

Der erste Grund ist (nach einer von norwegischen und französischen Neurophysiologen durchgeführten Studie (46)), dass die Handschrift viele weitere Hirnareale aktiviert als das Tippen auf der Tastatur, weil die Augen und die Hand an dem Prozess der Texterstellung teilnehmen. Indessen passiert dies nicht, wenn Sie einfach eine Taste drücken. Es ist überraschend, dass beim einfachen Schreiben eines Textes auf dem Papier Bereiche aktiviert werden, die auf den ersten Blick nichts mit dem Schreiben zu tun haben.

Eine Studie von Karin James von der University of Indiana in Bloomington, zeigt, wie bei Kindern von fünf Jahren durch die Aktivierung des Gehirns Schaltungen zum Lesen geschehen, wenn sie nur versuchen, Briefe mit der Hand zu schreiben, aber nicht beim Drücken der entsprechenden Tasten auf der Tastatur (47). Überraschenderweise fand die Studie heraus, dass auch das Gegenteil der Fall ist: Wenn eine Person ein Skript in Schreibschrift liest, verhält sich das Gehirn so, als ob es schreiben würde.

Der zweite Grund für die Bevorzugung des manuellen Schreibens gegenüber dem Tastaturschreiben ist, dass es die Identifizierung einzelner Buchstaben (48) und das Auswendiglernen ganzer Wörter (49) verbessert. Grund dafür ist, dass die feinen motorischen Aktivitäten der Hand beim Schreiben zur Erkennung der Buchstaben selbst beitragen und folglich zur Erkennung von Wörtern. Das gleiche Ergebnis erhält man, wenn man mit dem Stift auf dem Tablet schreibt, aber nicht, wenn man dies mit den Fingern auf dem Bildschirm tut (50). Dieser Effekt wird unter Berücksichtigung der Tatsache erklärt, dass die zerebralen Strukturen, die an der Ausführung der graphischen Aktivität beteiligt sind, auch bei der Analyse des graphischen Zeichens verwendet werden.

Es ist daher klar, dass es notwendig ist, die feine Motorik der Hand zu üben, bevor man zu schreiben lehrt, so wie es in einer Montessori-Schule geschieht. Auch Wygotsky war der gleichen Meinung:

„Für das Kind liegt die Schwierigkeit des Schreibens nicht in der Erkennung der Buchstaben, sondern in der ungenügenden Entwicklung der kleinen Handmuskulatur“(51).

Die Vorteile der Handschrift liegen nicht nur auf der neuralen Ebene. Das Schreiben trägt dazu bei, scheinbar unzusammenhängende Fähigkeiten zu entwickeln. Dies zeigte ein experimentelles Projekt, das vier Monate lang fast vierhundert Schüler aus zwei Schulen in den Vororten Roms einbezog, die jeden Tag einen Satz in Schreibschrift schreiben mussten (52). Das Ergebnis war eine deutliche Verbesserung in der Verwendung von Syntax und Rechtschreibung sowie des Inhalts des Schreibens selbst.

Diese Vorteile sind nicht der einzige Grund, das manuelle Schreiben zu bevorzugen. Ein langsameres Schreiben ist eine Form des Trainings nicht nur für die Feinmotorik, sondern auch für die Geduld. Es stimuliert Konzentration und motorische und emotionale Selbstkontrolle und erlaubt folglich eine genauere Ausarbeitung des Gedankens, den man auszudrücken beabsichtigt. Wenn wir die Fähigkeit unserer zukünftigen Erwachsenen zur Reflexion und zur Festigung der Leistung erhöhen wollen, müssen wir dem Kind die notwendige Zeit geben, um sich daran zu gewöhnen (53). Schließlich soll das Kind seine Persönlichkeit entwickeln und nicht nur gleichförmig tätig sein!

Die zitierten wissenschaftlichen Studien bestätigen den in den Montessori-Schulen verwendeten Schreibvorbereitungsweg. Sie zeigen, dass der vorgeschlagene Ansatz genau das beinhaltet, was für das Gehirn und die Hand des Kindes benötigt wird. Ich spreche von Annäherung und nicht von der Methode des Schreibenlernens, weil die Annäherung an das Schreiben tatsächlich lange vor dem eigentlichen Schreiben beginnt:

„Mein Schriftsystem basiert auf der direkten Vorbereitung der Bewegungen, die physiologisch zu ihm beitragen: das heißt die Handhabung des Schreibgerätes und die Nachzeichnung des Buchstabens.
Die Kinder füllen einerseits die Einsätze bis zu den Rändern mit vielen parallelen Linien und spuren andererseits die Sandpapierbuchstaben nach. Die Kinder füllen die Bereiche mit vielen parallelen Zeichen in einem Fall und berühren die Sandpapierbuchstaben in dem anderen. Sie fixieren die beiden Muskelmechanismen in perfekter Weise, was schließlich bei allen Kindern zur Explosion einer spontanen und wunderbar gleichförmigen Schrift führt. Da die Buchstaben gleichförmig sind, haben die Kinder die Bewegungen durch Berühren des gleichen Alphabets fixiert und sind dann dazu gekommen, die Form treu wiederzugeben. Damit dies geschieht ist eine längere Wiederholung der Übung notwendig bis ein echter motorischer Mechanismus festgelegt ist."

Maria Montessori, L'autoeducazione, p. 72

Wenn wir nicht bereits überzeugt wären, sollten wir sehr vorsichtig sein und den Vorschlag Montessoris als einen einheitlichen und integrierten Vorschlag betrachten, bei dem jeder Teil mit allen anderen in der Aufgabe verbunden ist, das Kind wachsen zu lassen.

In unserem speziellen Fall:

„Die Hand unserer Kinder ist lange auf das Schreiben vorbereitet. Durch alle Sinnesübungen wurde die Hand, während sie mit dem Verstand in ihren Leistungen und in ihrer Trainingsarbeit zusammenarbeitete, für die Zukunft vorbereitet". (54)

Gleichermaßen tragen die Übungen des praktischen Lebens, wenn sie vielfältig, interessant und mit so vielen verschiedenen Materialien gewissenhaft vorbereitet sind, zur Eroberung des Schreibens bei, obwohl sie anscheinend sehr weit davon entfernt sind.

Ich wiederhole es, weil es wichtig ist: Kinder müssen nicht produktiv sein, sie müssen nicht effizient und schnell schreiben, sie müssen sich entwickeln. Der „low technology“-Ansatz einer Montessori-Schule ist genau das, was sie brauchen, um sich des Schreibens zu bemächtigen und die Formen des Denkens zu entwickeln, die für ihr zukünftiges Leben notwendig sind.

5.6. Das Lesen

Lesen ist eng mit dem Schreiben verbunden und erscheint normalerweise nach dem Schreiben beim Kind. Wie beim Schreiben belebt das Lesen Gehirnareale mit sehr unterschiedlichen Funktionen. Wenn man lesen lernt, schafft das Gehirn Verbindungen zwischen den visuellen, linguistischen und konzeptuellen Bereichen, die Teil unseres genetischen Erbes sind. Die Bereiche haben aber vorher nie zu diesem Zweck zusammengewirkt. Die visuelle und die linguistische Entwicklung des Kindes, das zu lesen beginnt, spielt daher eine wesentliche Rolle für die gute Vorbereitung des Gehirns auf das Lesen (55). Es ist anzumerken, dass sich diese Dynamik seit den sechziger Jahren wesentlich beschleunigt hat. Dies führte häufig dazu, dass das Lesen vor dem Schreiben erfolgte, anders als es zur Zeit von Maria Montessori üblich war.

Grazia Honegger Fresco bemerkt dazu:

*„Diese [Änderung] ist der Tatsache zuzuschreiben, dass immer mehr Wörter um Kinder herum geschrieben werden: Lebensmittelverpackungen, Zeichen, Kinderbücher, Zeitungen, (*AÜ: Werbung*). Das alles existierte nicht, als ich klein war, und so war es bis zu den Jahren des Booms“.*

Eine solche Veränderung der Lesekompetenz hat keinen Einfluss auf unsere Analyse.

Aufgrund ihrer Herkunft, sagt Maryanne Wolf von der Tufts University, hat das Lesen eine physische Dimension. Obwohl Buchstaben und Wörter Symbole sind, die Töne und Ideen darstellen, betrachten unsere Gehirne sie auch als greifbare Objekte (56). Aus diesem Grund sind beim Lesen unter anderem die Hirnregionen beteiligt, die bei der Erkennung von Objekten eine Rolle spielen. Wenn das Kind lesen und schreiben lernt, fängt es damit an, die Buchstaben anhand von Linien, Kurven und Leerstellen wiederzuerkennen: Ein Lernprozess, bei dem sowohl die Augen als auch die Hände gebraucht werden. Das Lesen greift daher auf neuronale Mechanismen zurück, die sich im Laufe unserer Geschichte nicht verändert haben, die aber durch die Abläufe gereift sind. Im Montessori-Kinderhaus bewirken die Übungen zur Handhabung von hölzernen oder metallenen Einsätzen, zum Nachspuren der Formen der Buchstaben mit den Fingern und schließlich der Handschrift, dass die Neuronen die sich wiederholenden Formen und Profile erkennen, welche eine Vielfalt von Kreuzungen und Kanten erzeugen, die beim Lesen für die Erkennung der Buchstaben verwendet werden.

Andere Untersuchungen deuten darauf hin, dass die Beobachtung eines Pinselstrichs oder eines Buchstabens eine interne motorische Simulation hervorruft. Diese beruht auf der Aktivierung der gleichen motorischen Zentren, die für die Erzeugung dieses graphischen Zeichens erforderlich sind (57). Folglich muss sich das Kind bereits die Bewegung eingeprägt haben, die notwendig ist, um das Zeichen zu erzeugen, das heißt, das Kind muss wissen, wie man das Zeichen schreibt, bevor es dies leicht erkennen und es dann lesen kann. Es versteht sich von selbst, dass die Wirksamkeit einer solchen „antiquierten" Methode (wie dieser, auf den Buchstaben basierenden) zum Erlernen des Lesens eine solide neurophysiologische Grundlage hat (58).

Die Abwesenheit des Papiers und die damit einhergehende radikale Veränderung der Lese- und Schreibgewohnheiten scheinen grundlegende Fähigkeiten des Gehirns für unsere Möglichkeit, Geschriebenes zu verstehen. zu beeinträchtigen. Dies wird durch die Forschungen von Anne Mangen von der Universität Stavanger in Norwegen bestätigt (59). In einer ihrer Studien hat Anne eine Gruppe von Freiwilligen gebeten, denselben Text auf einem E-Reader oder auf Papier zu lesen. Diejenigen, die den Papiertext gelesen hatten, erinnerten sich besser an die Handlung und konnten mit weniger Aufwand die Ereignisse in die richtige Reihenfolge bringen. Der Effekt könnte mit der Notwendigkeit zusammenhängen, „den Faden zu behalten" von dem, was wir lesen. Auf dem Papier haben wir viele physikalische Hinweise, die uns helfen; zum Beispiel können wir uns daran erinnern, dass eine Tatsache stattfand, als wir fast am Anfang waren oder etwa in der Hälfte des Textes. Der elektronische Text hingegen hilft uns nicht zu erkennen, was am Ende des Buches fehlt oder an welcher Stelle wir stehen, weil der Text immer gleich aussieht.

Technologie-Liebhaber argumentieren, dass ein Text auf digitalen Medien mehr Informationen durch multimediale Inhalte als statische Papierseiten übertragen kann. Tatsächlich deuten diese und andere Studien (60) darauf hin, dass sich *Digital Natives* leichter an den allgemeinen Sinn einer Geschichte erinnern können, wenn ihnen diese als traditionelles Buch vorgelesen wird. Die durch Filme, Bilder und mehr angereicherten E-Books lenken sie ab.

Zusammengefasst ausgedrückt: Die Schlichtheit des Papiers könnte seine Stärke ausmachen.

Für mich ist das Lesen eines Romans mittels *E-Reader* eine angenehme Erfahrung, vor allem, weil ich so eine gut sortierte Bibliothek mitnehmen kann.

Wenn ich hingegen Studien- oder Lehrbücher auf diese Weise lesen wollte, hätte ich sofort Schwierigkeiten, zu verstehen. Das Interface hindert mich daran, intuitiv wesentliche Texte nicht-sequenzieller Art zu verstehen.

Zu dieser Schwierigkeit kommt, wie Maryanne Wolf sich erinnert, das Fehlen der physischen Dimension, der Form und des Gewichtes bei einem Buch auf dem Bildschirm hinzu. Diese Unterschiede erzeugen eine sensorische Dissonanz, die ausreicht, um mich davon abzubringen, derartige Texte im *E-Book* zu lesen.

Schließlich gibt es zwei Probleme, die die Wirksamkeit des Lesens auf einem *E-Reader* beeinflussen:

Das erste ist, dass wir, selbst wenn wir es nicht realisieren, oft auf einen Bildschirm mit einer Denkweise stoßen, die weniger offen ist für das Lernen als bei einem traditionellen Buch. Dadurch wird die Wirksamkeit des Studiums reduziert.

Das andere Problem ist, dass die Bildschirme problematischer als Papier sind, nicht nur aus kognitiver Sicht, sondern auch aus physischen Gründen: Das Scrollen eines digitalen Textes erfordert ständige Anstrengungen, die verschlimmert werden durch die leuchtenden Bildschirme von *Tablets* und Computern, welche die Augen belasten.

Das Problem wurde durch die Einführung von Bildschirmen des Typs *e-ink electronic paper* überwunden, die fast genauso leserlich und entspannend erscheinen wie ein gedrucktes Blatt. Dies ist ein Vorteil, der jedoch die E-Reader nicht daran hindert, andere Usability-Probleme zu haben (61).

Die interessantere Erkenntnis ergab sich aus den zitierten Studien und der Bestätigung der Hypothese, dass das Ersetzen von Papier durch eine in den Kinderschuhen steckende Technologie schwer wiederherstellbare Nachteile mit sich bringt und dass das Lesen auf Papier zu viel mehr Lernen führt als das Lesen auf einem Bildschirm (62).

Natürlich wird sich die E-Reader-Technologie zu einer größeren Benutzerfreundlichkeit entwickeln. Aber ich bin überzeugt, dass Fortschritte hauptsächlich in anderen Bildungsbereichen gesehen werden, mehr als in der Altersgruppe der zweiten Entwicklungsstufe, die wir betrachten. Ein anderer Stil des Lesens zeigt indessen keine Anzeichen, sich zu entwickeln. Ich spreche über Online-Lesen, wo Menschen keine Webseiten lesen, sondern sie quasi scannen, Wörter und Sätze aufgreifen, die sie für relevant halten. Infolgedessen verbringt der durchschnittliche User nur wenige Sekunden auf einer Webseite und liest maximal 20% des Textes (63). Nicht überraschend, Chrome, Safari und Firefox werden *Web-Browser* (Tools zum Durchsuchen) anstelle von Web-Readern (Tools zum Lesen) genannt. Für diese Art des Lesens scheinen technologische Innovationen nicht zu helfen, da sie dazu beitragen, sich die beschriebene Gewohnheit zu eigen zu machen. Wir werden darüber in Abschnitt 5.10 sprechen.

5.7. Die Bedeutung der Handlungen anderer

Spiegelneuronen sind Motoneuronen, die nicht nur aktiviert werden, wenn das Subjekt eine direkte Aktion auf ein Ziel gerichtet ausführt, sondern auch, wenn es dieselbe Aktion beobachtet, die von anderen ausgeführt wird.

Sie sind essentiell, weil

„*Spiegelneuronen unserem Gehirn erlauben, beobachtete Bewegungen mit ihren eigenen zu korrelieren und so deren Bedeutung zu erkennen*“ (64).

Es ist wichtig zu betonen, dass die Fähigkeit, die Bedeutung der von ihnen ausgeführten Handlungen zu verstehen, keine intellektuelle Tätigkeit ist, sondern ein automatischer Mechanismus.

Die Existenz von Spiegelneuronen hat sehr interessante Implikationen in der Montessori-Welt, da sie eine wissenschaftliche Basis für viele der Ideen bietet, die ihre Praxis und Aktivitäten inspirieren. (65)

Zum Beispiel hat ein Kind, das eine Anordnung der Kuben des rosa Turms beobachtet, neuronale Pfade gestärkt, selbst wenn es die Kuben nicht selbst bewegt, weil seine Spiegelneuronen die Bewegungen, die es sieht, selbst simulieren. Auch der Lehrer, der ruhig und langsam ein neues Material einführt, bewegt sich so, dass das Kind die Gesten machen kann, die es sieht: Die Gehirne treten gewissermaßen in „Resonanz“ ein.

Die Bedeutung der Darstellung des Lehrers oder der Arbeit der Mitschüler wird daher nicht durch eine Erklärung oder eine Begründung verstanden, sondern durch ein unmittelbares Verständnis sozusagen von innen her.

Welche Auswirkungen hat die Einführung von Technologie in der Schule auf diesen cerebralen Mechanismus?

Unterschiedliche und nicht sehr positive.

Lassen Sie uns zunächst daran erinnern, dass die Studien, die zur Entdeckung von Spiegelneuronen geführt haben, die kognitive Funktion der Bewegungsbereiche und damit der allgemeinen Bewegung ans Licht gebracht haben.

Folglich, wenn ein Kind die Welt größtenteils durch ein Tablet erforscht, wie viele Bewegungen macht es? Die Antwort ist: Zwei: *swipe* und *tap* (wischen und tippen).

Wie viele Denkweisen, wie viel Kreativität und Ideenreichtum können sich dabei entwickeln?

Ich nehme an, sehr wenige.

Das Kind bewegt sich in einem sozialen Kontext, in dem Imitation die Grundlage des Lernens ist. Es ist offensichtlich, dass Spiegelneuronen eine zentrale Rolle spielen, wenn es bei dem Kind darum geht, sich das anzueignen, was es bei seinen Mitschülern beobachtet.

Auf der anderen Seite spricht die Technologie in Form eines Tablets oder Computers von diesem isolierten Standpunkt aus vom „Personal Computer“.

Zugegeben, um diese Einschränkung zu überwinden: Von welchen Gesten und welchen Bewegungen seines in ein Tablet versunkenen Mitschülers kann ein Schüler mittels der Spiegelneuronen profitieren?

Von sehr wenigen, wie wir gesehen haben.

Dies ist jedoch unzureichend, um die „Resonanz“ zwischen verschiedenen Gehirnen zu schaffen, die ausgelöst wird, wenn man die Bewegungen anderer sieht.

Darüber hinaus werden Spiegelneuronen nicht mit irgendeiner Bewegung aktiviert, sondern nur dann, wenn wir eine abgeschlossene motorische Aktion betrachten. Ein Antippen des Bildschirms hat keine klar erkennbare Endlichkeit im Vergleich mit dem Ordnen der Sandpapierziffern auf dem Arbeitsteppich.

Was passiert, wenn das, was das Kind um sich herum sieht, keine Spiegelneuronen aktiviert?

In diesem Fall ist sein Gehirn gezwungen, die Mechanismen der Bilderkennung und des Nachdenkens anstelle der internen Simulation zu verwenden. Auf diese Weise erkennt es die Geste, verliert aber das tiefe Verständnis für den Vorgang, den es sieht.

Lohnt es sich, all das zu verpassen, nur um ein Tablet in der Schule einzusetzen?

Einige Spiegelneuronen haben eine weitere sehr wichtige kognitive Funktion, die uns hilft, eine räumliche Referenz zu definieren, die in unserem Körper verankert ist. Viele Handlungen oder Aktionen, die wir sehen, haben eine unterschiedliche Wirkung auf uns, je nachdem, ob sie nahe oder fern vom Körper auftreten.

Der „peripersonale“ Raum, der Raum nahe dem Körper, ist nicht etwas Absolutes, sondern ist durch Handlung aufgebaut.

Ernst Mach schrieb:

„Was ist eigentlich der peripersonale Raum, wenn nicht die Menge der „Orte“, die wir erreichen können, indem wir die Hand ausstrecken? [. . .] Die Punkte des physiologischen Raumes sind nichts anderes als die Ziele verschiedener Bewegungen: Greifbewegungen, Bewegungen des Blicks, der Fortbewegung. Ausgehend von diesen Bewegungen bildet unser Körper den Raum ab, der uns umgibt, und aufgrund seiner Größe nimmt der Raum für uns Gestalt an“. (66)

Folglich ist es nicht gut für das Kind, die Reichweite seiner Bewegungen einzugrenzen. Es wirkt so, als würden wir den Raum um das Kind herum einschränken.

5.8. Sehen, beobachten, erkennen

Hinter den Augen befindet sich ein Supercomputer, der durch Millionen von Jahren schwierigen Überlebens trainiert wurde. Es war unbedingt zur Essenszeit notwendig, Raubtiere zu identifizieren und auf einen Blick im Gebüsch die Sträucher von einem Katzenfell zu unterschieden.

Wir müssen uns heute den Räubern nicht mehr entziehen, aber wir schaffen es, die Strukturen, Muster und Gesetzmäßigkeiten des Augenblicks ohne Anstrengung und vor allem ohne bewusstes Nachdenken zu erfassen, weil sich die beiden wesentlichen Funktionen unseres visuellen Nachahmens nicht geändert haben: die Fähigkeit zu Mustererkennung, auch *pattern matching* genannt und die sogenannte *präattentive Perzeption.*

Mustervergleichsmechanismen erkennen Strukturen, die vielen verschiedenen Sehformen gemein sind, während *präattentive Prozesse* die grundlegenden Eigenschaften eines Reizes – wie Form, Farbe, Tiefe und Bewegung – aus den Ereignissen der Außenwelt ableiten, unabhängig von der Anzahl ähnlicher Reize im Wahrnehmungsfeld.

Diese beiden Mechanismen operieren vor logischem Denken in einer Weise, die außerhalb des Bewusstseins zu liegen scheint. Aus diesem Grund sind sie schneller, effektiver und weniger ermüdend.

Diese Merkmale unseres visuellen Systems ermöglichen es, dass Bilder helfen, Informationen schnell zu übertragen, wodurch die intellektuelle Arbeit entfällt, die für die Entschlüsselung eines Textes und seiner nachfolgenden mentalen Repräsentation notwendig ist. Auch Sprachbarrieren sowie Verständnisprobleme aufgrund des Alters werden überwunden.

Aus dem gleichen Grund werden Bilder regelmäßig in technologischen Objekten verwendet, um die mnemonische Arbeit des Erinnerns eines Befehls oder des Namens einer Anwendung zu transformieren, und zwar in dem Sinne, dass das entsprechende Symbol oder Grafikbild erkannt wird.

Für Marc Prensky ist das eine natürliche Konsequenz:

„In früheren Generationen beschränkten sich die Grafiken meist auf Illustrationen, die den Text begleiteten und verdeutlichten. Für die Games-Generation ist die Beziehung fast vollständig umgekehrt: Die Rolle des Textes ist die, etwas zu klären, das zuerst als Bild erlebt wurde.“

Diese jungen Leute

„denken, dass es viel natürlicher ist, verglichen mit ihren Vorgängern, mit Bildern zu beginnen und Text und Grafiken sinnvoll zu mischen“ (67).

Im Supercomputing sind Techniken zur Informationsvisualisierung von grundlegender Bedeutung, um Simulationsergebnisse in Bilder umzuwandeln und so die Fähigkeiten unseres Systems zu nutzen, visuell zu verstehen und zu analysieren.

Wichtige Techniken, weil

„der Zweck der Berechnung das Verstehen ist, nicht aber die Zahlen“ (68).

Der Zweck der Berechnung, wie mit dem CSCS-Supercomputer, besteht darin, ein simuliertes physikalisches Phänomen zu verstehen und nicht nur mehr numerische Daten zu erzeugen.

Wir können zusammenfassen, indem wir sagen, dass Wissenschaftler durch Visualisierung das **Sehen zum Nachdenken nutzen**.

Im Ansatz Montessoris ist die Anwendung von Mustererkennungsmechanismen überall: In den Materialien, in ihren Formen, in ihren Farben. Dadurch werden Abstraktionen konkretisiert, nicht nur mathematische, die sie zu Objekten machen, die man sehen und berühren kann.

Das sind Funktionen, die das Kind dazu bringen, ein mentales Bild eines Prozesses zu erstellen, wie z. B. das Ziehen der Quadratwurzel, um dann die Operation mit einer, wie ich sagen würde, verblüffenden Geschwindigkeit auszuführen.

Montessoris Vorgehen ist auch aus einem anderen Grund wichtig. Bei Kindern gibt es eine bis zum Alter von acht Jahren dauernde kritische Periode für die Entwicklung angeborener Sehfähigkeiten und vor allem für die Erfassung des stereoskopischen Sehens. (69)

Es liegt auf der Hand, dass die Arbeit auf der Grundlage der Bewegung und des Gebrauchs der Hände viele Möglichkeiten bietet, diesen Mechanismus zu trainieren, indem der Blick zwischen Objekten in der Nähe und in der Ferne verschoben wird. Dies geschieht nicht bei einem Flachbildschirm wie dem des Computers oder des Fernsehgeräts.

Dann gibt es die dunkle Seite der Bilder.

Bilder ziehen Aufmerksamkeit auf sich und polarisieren, aber oft lügen sie.

Wir wissen es, aber wir fallen darauf herein, weil wir auf der unbewussten Ebene dazu neigen, immer an Bilder zu glauben: „Das Bild ist schön, also ist es wahr".

Anstatt zu dämonisieren sollten wir uns jedoch fragen, warum wir nicht unsere jungen Menschen dazu erziehen, nicht nur die Gemälde großer Künstler anzuschauen, sondern auch die Werbung, denn sie lehrt, wie subtile Überzeugungsmechanismen durch Bilder bewusst vermittelt werden.

Ich wollte bei meinem Sohn damit anfangen und er verblüffte mich stattdessen:

„Aber Papa, warum gibt es in der Werbung nie jemanden, der traurig oder wütend ist?"

Wir können sehen, dass es der Montessori-Schule gelungen ist, die Wichtigkeit der Beobachtung auf die Kinder zu übertragen, ohne dabei auf spezielle Lektionen zurückgreifen zu müssen.

Der beunruhigendste Aspekt einer visuellen Kultur lauert in der Passivität, die einige Methoden der Verwendung von Bildern, vor allem das Fernsehen, vermitteln.

Winterstein und Jungwirth, zwei Kinderärzte, haben eine Studie durchgeführt (70) und die Auswirkungen des Fernsehkonsums auf die kleineren Kinder untersucht, indem sie eine Population von 1.800 Kindern im Alter zwischen fünf und sechs Jahren dem *Little Man Goodenough Test* unterzogen, der die geistige Entwicklung der ganz jungen Kinder untersucht. Sie lassen sie einen kleinen Mann zeichnen und die Vollständigkeit der Figur quantifizieren.

Zusammenfassend ist das Ergebnis dieses Experiments, dass Kinder, die weniger als eine Stunde am Tag ferngesehen haben, im Durchschnitt zehn Punkte erhalten haben, wie für ihr Alter erwartet.

Ihre Altersgenossen stattdessen, die mehr konsumierten als drei Stunden, erreichten kaum sechs Punkte, was ein gutes Ergebnis ist – aber für ein vierjähriges Kind!

Nicht nur das; es ist bemerkenswert zu erfahren, dass die gleiche Regression bei Kindern von stark rauchenden Eltern auftritt. Das ist gleichbedeutend damit, dass passives Sitzen vor dem Fernseher genauso schädlich ist wie Passivrauchen.

Diese Probleme betreffen nicht direkt die Schule, aber sie berühren die pädagogische Arbeit, welche die Schule mit den Eltern machen sollte. Eine Arbeit, die sich nicht darauf beschränken sollte, die Gefahren des Fernsehens darzustellen. Die Erwachsenen sollten dazu angeleitet werden, auch alle anderen Technologien korrekt anzuwenden. In der Tat, welche Nachricht übermittelt den Kindern ein Elternteil, das jede Minute die Mails auf seinem Smartphone checkt? Oder das verloren ist im Facebook?

5.9. Die Imagination

Imagination ist die Fähigkeit, mentale Bilder, Empfindungen und Konzepte zu einem Zeitpunkt zu bilden, in dem sie nicht durch das Sehen und andere Sinne wahrgenommen werden. Um dies zu tun, gehen wir nicht von dem aus, was um uns herum existiert, sondern von dem, was wir im Gedächtnis gespeichert, möglicherweise ausgearbeitet und neu kombiniert haben.

In den 1990er Jahren stellte Stephen Kosslyn fest, dass Imagination nicht nur eine psychologische, sondern auch eine physiologische Realität ist, Sie nutzt als solche zumindest einige der gleichen neuralen Bahnen, die von der visuellen Wahrnehmung verwendet wurden (71). Wir können daher mit Recht behaupten, dass *„die Vorstellung die Vision ist, die umgekehrt fließt“* (72).

Die Imagination ist so wichtig, dass der Physiker Ludwig Boltzmann behauptet, dass *„all unsere Ideen und Konzepte nur innere Bilder sind“*, und für Einstein *„ist das wahre Zeichen der Intelligenz nicht das Wissen, sondern die Imagination“*.

Die Vorstellung spielt auch eine wichtige Rolle in der menschlichen Wahrnehmung, die in gewisser Hinsicht keine direkte Konsequenz der Realität ist, sondern ein Akt der Vorstellungskraft. (73)

Ich weiß, es klingt absurd, aber es kann nicht anders sein, weil die Ereignisse, denen wir im wirklichen Leben begegnen, nie abgeschlossen sind. Sie sind auch oft nicht eindeutig, und unser Sinnesapparat ist nicht so perfekt, wie wir glauben:

Wenn wir uns der geringen Qualität der auf die Netzhaut projizierten Bilder und der unglaublichen Reduktion von Informationen bewusst wären, die den visuellen Kortex vom Auge erreichen (74), wäre zwangsläufig daraus zu schließen, dass sich das Gehirn die Welt um uns herum „vorstellen" muss.

Wir dürfen daher nicht überrascht sein, dass wir selbst durch die Imagination lernen können. Dies zeigte ein Experiment von Pascual-Leone (75), bei dem es darum ging, mit der rechten Hand eine Passage am Klavier zu lernen. Das erstaunliche Ergebnis war, dass sogar die Gruppe, die sich nur vorgestellt hat, das zu tun, den Bereich des Gehirns entwickelt hat, der die Finger kontrolliert und steuert, fast so wie bei den Menschen, die es praktizierten.

Wir betrachten Imagination normalerweise als Synonym für Phantasie oder Kreativität, aber es ist nicht so. Bruno Munari hat ein ganzes Buch geschrieben, um den Unterschied zwischen Phantasie, Erfindung, Kreativität und Imagination aufzuklären (76). Für ihn ist *„Imagination das Mittel, um sichtbar zu machen, was Phantasie, Erfindung, Kreativität denken"* und unterscheidet sich sehr von der Phantasie.

Es wird auf die gleiche Art und Weise von Maria Montessori verstanden: aber nicht als eine „Träumerei" (fantasticheria), die zu einer Abstraktion von der Wirklichkeit führt, um Wünsche und emotionale Triebe auf unwirkliche Weise zu befriedigen. Vielmehr als „kreative" Imagination, die es erlaubt, Konzepte zu verallgemeinern, Lösungen zu entwerfen und die unsichtbare Struktur der Dinge zu erfassen, indem diese „kreative" Imagination Modelle im Kopf erschafft und handhabt.

Es ist kein Zufall, dass *„Anschauliche Geometrie"* (77), von dem großen Mathematiker David Hilbert geschrieben, sagt:

> *„Die Neigung zum intuitiven Verstehen begünstigt ein unmittelbareres Verständnis der Objekte, die man studiert, sozusagen eine lebendige Beziehung zu ihnen, welche die konkrete Bedeutung ihrer Beziehungen unterstreicht".*

Die so verstandene Vorstellungskraft ist grundlegend für Kinder, weil *„Kinder so wenig Erfahrung haben, dass sie sich auf Einbildungskraft verlassen müssen"* (78), die auch eine ihrer größten Kräfte ist:

Die Vorstellungskraft ist die große Fähigkeit dieses Alters. Und da wir (AÜ: Im ital. Text: ihm nicht alles in Gänze anbieten*) nicht alles bringen können, muss das Kind seine Vorstellungskraft einsetzen. Die Unterweisung der Kinder im Alter von sieben bis zwölf Jahren muss sich an ihre Vorstellungskraft wenden. Das Bild der Wirklichkeit muss durch ihre Vorstellungskraft entstehen. Man muss deshalb äußerst präzise und exakt sein: Die Exaktheit, wie die Zahl und alles, was Mathematik ist, wird dazu dienen, die Darstellung der Wirklichkeit zu konstruieren. Was regt nun die Vorstellungskraft an? Vor allem das Großartige (la grandeur), und dann das Geheimnis. Die Vorstellungskraft kann das Ganze rekonstruieren, wenn sie das wahre Detail kennt."*

Maria Montessori, Von der Kindheit zu Jugend, (GW, Bd. 14) S. 33–34

Das Hauptproblem, das die Verwendung solch wichtiger Fähigkeiten einschränkt oder verhindert, ist das Fehlen von „Baumaterialien". Weil nichts aus dem Nichts entsteht. Selbst wenn es keinen guten Willen gibt, wenn es keine Materialien gibt, die in Bildern und Modellen zusammengefügt werden, wird es schwierig, etwas Neues zu bauen, und es wird nicht gelingen, Phantasie, Kreativität und Erfindungen zu produzieren. Der Grund ist, dass diese letzteren nichts anderes machen, als „Beziehungen zu schaffen" zwischen dem, was wir bereits wissen.

Es ist nicht möglich, Beziehungen zu dem zu etablieren, was uns unbekannt ist.

Um es zu erklären: Munari erläutert es anhand des Beispiels eines Hirten, der mit seinen Schafen in den Wäldern lebt und sich wahrscheinlich nur ein Schaf vorstellen kann, das mit Blättern (AÜ: wie die Bäume des Waldes) statt mit Fell bedeckt ist.

Um sicherzustellen, dass dies nicht geschieht, ist es notwendig, dass Menschen – und besonders Kinder, deren Geist nach Neuem hungert – diese Voraussetzungen erwerben können, um sie durch Kultur und Eindringen in verschiedene Wissensgebiete zu kombinieren und zu verändern, auch solche, die auf kurze Sicht nicht nützlich erscheinen.

Genau wie in einer Montessori-Schule:

„Wenn das, was man infantile Imagination nennt, das Produkt der „Unreife" des Geistes ist, müssen wir in Bezug auf die geistige Armut, in der wir das Kind lassen, und die Ignoranz, in der es sich befindet, sein Leben in einer Umgebung bereichern als Besitzer von etwas, und seinen Verstand bereichern mit Wissen und Erfahrun-

gen, die in der Realität gemacht worden sind. Und wenn Sie ihm dies gegeben haben, lassen Sie es in der Freiheit reifen. Von der Freiheit der Entwicklung können wir die Manifestationen seiner Imagination erwarten.“

Maria Montessori, L'autoeducazione, p. 231

Können wir bei dieser Aufgabe der kulturellen Bereicherung mit Technologie helfen? Wenn wir sie als Mittel sehen, um so viele Informationen wie möglich zu bekommen, ja. Vergessen wir jedoch nicht, dass es ein Mittel ist, das uns als solches nicht hilft, die richtigen Fragen zu stellen und empfänglich zu sein für Reize und Ideen. Es bietet nur Zugang zu einer riesigen Masse von Daten, die uns schließlich überwältigen könnte.

Ein Problem, das Picasso mit der Aussage zusammenfasste:

„Computer sind nutzlos, sie können Ihnen nur Antworten geben.“

Es ist eine Montessori-Umgebung, in der das Kind frei ist, Fragen zu stellen, ohne beurteilt zu werden, geschützt auch vor dem Beitrag der Technologie.

Statt Erfahrung, Größe und Geheimnis zeigt die Technik ihre Grenzen. Technologie macht das, was wir ihr sagen. Es gibt keine Zweideutigkeit: Ich stelle eine Frage, ich bekomme eine Antwort.

Wenn ich nicht geschult bin zu sehen, was sich hinter Wörtern verbirgt und nicht den Blick darauf erweitert habe, was hinter dem Computerbildschirm geschieht, werde ich mir nie etwas Neues vorstellen können. Es ist, wie wenn wir uns im Rot eines Sonnenuntergangs verlieren oder in der Welt des Romans, den wir lesen.

Apropos Geheimnis, so scheint es heute, dass es keine „Magie“ mehr gibt.

Als ich anfing, die ersten, unbeholfenen Computertechnologien zu benutzen – den *C64*, den *Spectrum* und andere – war der PC eine Märchenwelt, die es zu entdecken galt. Heute sind diese magischen Momente verschwunden und, was noch schlimmer ist, die neuen Generationen nehmen alles als selbstverständlich hin. Sie verlieren damit die Fähigkeit, sich zu wundern und zu staunen, verlieren damit zwei kraftvolle Antriebe von Neugier und Kreativität.

Also, was tun? In der *Autoeducazione* zeigt uns Maria Montessori einen Weg:

„Es ist notwendig, die Kinder darauf vorzubereiten, die Dinge der Umwelt wahrzunehmen, um ihnen das Material der Vorstellungskraft zu sichern“. (79)

Dann: Die Neugier wecken, vielleicht nach dem Ratschlag, den wir in dem Buch *Von der Kindheit zur Jugend* finden:

„Was das Kind lernt, muss interessant sein, muss es faszinieren, wir müssen ihm große Dinge anbieten, zunächst wollen wir die Welt anbieten.“ (80)

Tatsächlich geben wir ihm das ganze Universum, wie es im großen Konzept der Kosmischen Erziehung der Fall ist. Denn hier findet sein Leben statt und das Universum selbst stellt das gesamte Baumaterial zur Verfügung, womit die Kinder die Realität und sich selbst verstehen:

„Indem wir dem Kind stattdessen die Geschichte des Universums anbieten, geben wir ihm etwas um mit der Phantasie zu konstruieren, das tausendmal anregender und geheimnisvoller ist als jedes Märchen“ (81).

Einstein drückte auch ein ähnliches Konzept aus:

„Imagination ist wichtiger als Wissen, denn Wissen ist begrenzt, während die Imagination die ganze Welt umfasst, den Fortschritt anregt und der Evolution Leben gibt.“

5.10. Aufmerksamkeit und Konzentration

Konzentration ist das erste, was wir beim Betreten einer Montessori-Schule bemerken. Was uns auffällt, ist nicht nur Ordnung und Stille zu sehen, sondern auch eine viel tiefere Motivation wahrzunehmen:

„Die erste Voraussetzung für die Entwicklung des Kindes ist Konzentration. Das Kind, das sich konzentriert, ist immens glücklich.“

Maria Montessori, La mente del bambino, p. 271

Diese Aussage der Dottoressa ist nicht willkürlich, sondern sie ist wie immer das Ergebnis ihrer Beobachtungen an Kindern. Beobachtungen, die vorwegnehmen, was in den siebziger Jahren der Psychologe Mihàly Csikszentmihàlyi entdeckte (82). Er studierte die Zustände tiefer Konzentration, die er kollektiv *Flow* nannte (83). Später definierte er *Flow* in einer unerwarteten Parallele mit Montessori:

„(Dieser Zustand), der dem näher kommt als alles andere, was wir uns vorstellen können, was wir normalerweise mit Glück meinen“ (84).

Kürzlich begann einer seiner Schüler, Kevin Rathunde, den Flow an Montessori-Schulen zu studieren (85).

In seinen Studien hat Csikszentmihàlyi festgestellt, dass es einige sehr klare Bedingungen gibt, damit Flow stattfindet (86). Hier sind die wichtigsten:

1. **Klare und gemeinsame Regeln müssen existieren.** Diese Art von Regeln finden wir in einer Montessori-Schule.
2. **Die Aufgabe darf nicht „open-ended“ sein,** ohne klare Grenzen und Ziele.
   Dafür gibt es in der Montessori-Schule Grenzen in vielen Details, wie z.B. der Arbeitsteppich, auf dem das Kind tätig ist. Das geschieht nicht nur wegen der Bequemlichkeit und zur Pflege der Materialien, sondern vor allem, weil der Teppich den Raum für die Arbeit des Kindes begrenzt.
3. **Die Aufgabenstellung muss ein unmittelbares Feedback geben** darüber, wie viel Arbeit geleistet wurde und was fehlt. Eine schnelle Beobachtung zeigt, dass Montessori-Materialien genau das bieten.
   Zum Beispiel die geographischen Karten: die noch offenen Löcher zeigen, wie viel noch zu tun ist, um die Landkarte zu beenden.
4. **Es muss ein Gleichgewicht geben zwischen der Schwierigkeit der Aufgabe und der Kapazität der Person, die sie ausführt,** denn wenn die Arbeit zu einfach ist, wird es der Person langweilig. Wenn es zu schwierig ist, fühlt sie sich frustriert und wird ängstlich. Andererseits, wenn die Schwierigkeiten gut ausgeglichen sind, kann die Arbeit die Konzentration des *Flow* auslösen. Was passiert in dieser Hinsicht in einer Montessori-Schule? Der Lehrer bietet eine Arbeit an, beobachtet das Kind und sieht, dass es zu einfach für das Kind ist, das sich zu langwei-

len beginnt. Wenn die Arbeit zu schwierig ist, ist das Kind unruhig und leicht ablenkbar. Wenn stattdessen die vorgeschlagene Arbeit zu den Fähigkeiten und Interessen des Kindes passt – was ein erfahrener Lehrer von Anfang an weiß – kann sich das Kind konzentrieren und in den Flow kommen.

Auch Wygotski sprach darüber, das Kind in seine *Zone der nächsten Entwicklung* zu bringen, in der eine „optimale Frustration" es ihm erlaubt, sich zu konzentrieren und zu lernen.

Eine solche Übereinstimmung zwischen Wygotski und Montessori ist nicht seltsam. Wenn es um Aufgaben geht, die gerade knapp oberhalb der Fähigkeiten der Person liegen (AÜ: in seiner „Zone der nächsten Entwicklung"), wird ein präziser neuronaler Mechanismus in Gang gesetzt: Die Freisetzung von Dopamin, die, sei es eine unvorhergesehene Belohnung, sei es ein neues Lernen, signalisiert. (87)

5. **Die Befriedigung muss sich aus der Erfahrung selbst ergeben.**
   Es sollte keine Prämien oder Belohnungen geben. So ist es in einer Montessori-Schule üblich, wo das Kind als Reaktion aufgrund eines inneren Bedürfnisses arbeitet.
6. **Man muss frei sein von der Tyrannei der Zeit.**
   Starre Zeitgrenzen können die Konzentration des *Flow* zugunsten der Angst zerstören, mit der Arbeit nicht rechtzeitig fertig zu werden. In einer Montessori-Schule bedeutet diese Bedingung *Respekt für das zeitliche Bedürfnis des Kindes*. Es ist offensichtlich, dass der Stundenplanrhythmus einer traditionellen Schule es unmöglich macht, im *Flow* zu bleiben, wenn die Glocke läutet.

Können technologische Geräte helfen, den *Flow* zu etablieren? Nicht viel, vielleicht sogar gar nicht, abgesehen von einigen Action-Videospielen, die verschiedene Techniken einsetzen, um den Spieler auf die Handlung zu konzentrieren.

Vielmehr können wir sagen, dass Technologie phänomenal ist, um die Aufmerksamkeit von Kindern zu erregen, während sie im Allgemeinen nicht viel dazu beiträgt, sie beizubehalten. Dies zeigt ein Beispiel, das hier zitiert wird, (88), wo wir erfahren, dass Menschen im Jahr 2000 eine durchschnittliche Aufmerksamkeitsspanne von 12 Sekunden hatten, eine Schwelle, die 2013 auf nur 8 Sekunden gesunken war. Im Vergleich dazu kann ein Goldfisch gut 9 Sekunden aufmerksam bleiben!

Auch hier ist es einfach zu verallgemeinern, aber man vermeidet es, das Phänomen zu untersuchen.

In der Tat, wenn wir über jugendliche und erwachsene Konsumenten sprechen, die hungrig nach Informationen oder die Fans von sozialen Medien sind, sehen wir tatsächlich, dass sie sich in Umgebungen konzentrieren, in denen längere Aufmerksamkeit benötigt wird, Sie haben dann intermittierende Explosionen von großer Konzentration.

Diese Menschen identifizieren besser, worauf sie sich konzentrieren wollen. Sie können nicht-relevante Informationen wirksamer ignorieren (89). Sie sind aber auch überzeugt, dass es ihnen gut gelingt, ihre Aufmerksamkeit auf mehrere Aufgaben gleichzeitig zu richten (*Multitasking* genannt), was ihnen erlaubt, produktiver zu sein.

Dass ist nicht wahr (90).

Das Gehirn ist nicht für *Multitasking* ausgelegt und was wir *Multitasking* nennen, ist eigentlich ein schneller Wechsel von Aktivitäten. Ein Mechanismus, der physiologische Grenzen für die Geschwindigkeit hat, die auftreten kann – wir sprechen von mindestens 700 Millisekunden für jeden Wechsel (91) – und das funktioniert nur mit Aktivitäten, die Routine werden und Aktivitäten, die miteinander konsistent sind. Im Allgemeinen klappt das nicht. Die Situation ist noch schlimmer, wenn wir uns zwischen Aufgaben bewegen, die geistige Ressourcen erfordern, und der Schaffung eines spezifischen Kontexts, etwa im Zusammenhang mit der Computerprogrammierung; In diesem Fall beträgt die Zeit für den Wechsel sogar ungefähr zwanzig Minuten! (92)

Ein weiterer Grund, warum die Regel so wichtig ist, die das lediglich einmalige Vorhandensein eines Materials in der Montessori-Schule verlangt:

Wenn wir dem Kind nicht die Möglichkeit geben, zu warten, können wir uns nicht beschweren, dass es als Adoleszent nicht warten kann.

Russell Poldrack, Professor für Psychologie an der Universität von Kalifornien in Los Angeles, fand kürzlich in einer Studie heraus, dass *„Multitasking negativ beeinflusst, wie man lernt. Obwohl man während des Mul-*

titaskings lernt, ist dieses Lernen weniger flexibel und spezialisierter, daher ist es nicht möglich, diese Informationen einfach abzurufen".

Seine Forschung (93) zeigt, dass Menschen unterschiedliche Gehirnareale nutzen, um neue Informationen zu erfassen und zu speichern, wenn sie abgelenkt sind. Insbesondere zeigen abgelenkte oder Multitasking-Menschen Aktivitäten im *Striatum*, einer Region des Gehirns, die am Erlernen neuer Fähigkeiten beteiligt ist. Menschen, die hingegen nicht abgelenkt sind, aktivieren stattdessen den Hippocampus um Informationen speichern und abrufen. Eine weitere Bestätigung für diese unterschiedliche Art der Nutzung des Gehirns kommt von einer Studie, die dokumentiert, wie das Lesen auf digitalen Plattformen – *Tablets* und *Smartphones* – anstelle von (Papier-)Büchern die Denkweise verändert. Dadurch können Menschen sich eher auf bestimmte Details konzentrieren, anstatt Informationen abstrakter und globaler zu interpretieren. (94)

Ein ähnliches Phänomen, aber mit unterschiedlichen Motivationen, ist das der „kontinuierlichen partiellen Aufmerksamkeit", das von Linda Stone et al. (95) untersucht wurde.

Wenn Menschen Multitasking betreiben, dann deshalb, weil sie produktiver und effizienter sein wollen. In „kontinuierlicher teilweiser Aufmerksamkeit" haben sie den Wunsch, nichts zu verpassen, was im Netz passiert, denn verbunden zu sein bedeutet für sie, lebendig zu sein. Sehen wir hier nicht genau, wie unsere Adoleszenten oft leben?

Wie kann man einem solchen Mangel an Aufmerksamkeit bei Kindern begegnen? Gewalt war gegen die Ablenkungen noch nie wirkungsvoll: So wie heute die *Smartphones* die Aufmerksamkeit der Jugendlichen auf sich ziehen, waren es gestern die Zeitungen. Wir könnten daran denken, ihnen die Tricks beizubringen, die Soojung und Pang in ihrem Buch vorschlagen (96), aber diese sind lediglich gut anwendbar für Erwachsene. Wir können stattdessen Kindern von früh an helfen, aufmerksam zu sein und sich zu konzentrieren. Ich bin überzeugt, dass etwas davon bis in ihre Gehirne als Jugendliche durchdringen wird. Mit anderen Worten: Wir müssen ihnen helfen, die von Maria Montessori erwähnte „Normalisierung" zu erreichen und beizubehalten.

5.11. Das Gedächtnis

In dieser Zeit des Übergangs zu einer digitalen Kultur hat die Kritik von König Thamus an der Erfindung des Schreibens, die von Plato im *Phaedrus* berichtet wurde, durchaus ihre Grundlage, wenn wir sie sorgfältig analysieren.

Beim Schreiben befürchtet der König, dass sich die Menschen

„daran gewöhnen werden, sich von außen durch äußere Zeichen zu erinnern, und nicht von innen her und aus sich selbst“.

Sokrates, der persönlich nichts schrieb und stattdessen ausschließlich sein Gedächtnis nutzte befürchtete, dass

„Bücher bei der Arbeit des kritischen und aktiven Verstehens einen Kurzschluss hervorrufen und einen Schüler mit ›einem trügerischen Begriff von Weisheit‹ produzieren könnten“ (97).

Dies ist der wichtige Punkt.

Wir müssen Kindern beibringen, ihr Wissen zu ihrem eigenen zu machen, nicht auswendig zu lernen, mehr zu denken als Begriffe zu sammeln, es so wie Einstein zu tun, der auf die Frage nach der Schallgeschwindigkeit antwortete:

„Ich trage diese Information nicht in meinen Gedanken, da sie in Büchern leicht verfügbar ist.“

Für ihn galt:

„Der Wert der Hochschulbildung ist nicht das Lernen von vielen Fakten, sondern die Bildung des Geistes zum Denken.“

Londoner Taxifahrer werden oft als ein Beispiel für die Bedeutung des Auswendiglernens zitiert, in ihrem Fall sind es fünfundzwanzigtausend Straßen. Aber einige Tests haben gezeigt, dass diese Leute weniger Fähigkeit haben, visuelle Information als der Durchschnitt zu verarbeiten, also scheint es einen Preis zu geben, um das Speichern solch eines Volumens von geographischen Daten zu bezahlen.

Ist es das wert?

Normalerweise betrachten wir unser Gedächtnis als das Äquivalent einer Datei.

So funktioniert es nicht.

Unser Gedächtnis ist ein assoziatives Gedächtnis, das durch sensorische Reize ausgelöst wird. Zum Beispiel durch ein Parfüm, das uns an eine Kindheitserinnerung erinnert oder uns an einem bestimmten Ort wiederfindet, an dem wir buchstäblich etwas erleben, was genau dort passiert ist. Montessori spricht von *mneme*, der unbewussten Erinnerung, die die Spuren (*Engramme*) all unserer Erfahrungen aufzeichnet. Diese *Engramme* sind spontan und unbewusst in einzigartigen Konfigurationen verbunden, um die Probleme, die der Erfahrung bzw. im Erleben der Person auftreten, fast mühelos zu lösen und lang vergrabene Erinnerungen zu extrahieren (98). Ein Gedächtnis profitiert davon, Verbindungen zwischen sensorischen Erfahrungen und Begriffen und zwischen den Begriffen selbst herzustellen. Im gewissen Sinne ähnelt die Struktur unseres Gedächtnisses derjenigen des Webs: Seiten, die mit Hypertext-Links verknüpft sind, die von einem Thema zum anderen verweisen. Leider sind Wissenschaftler bei der Ausnutzung der Sinne weit hinter den Montessori-Schulkindern zurück. Sie bringen regelmäßig in den Artikeln und wissenschaftlichen Arbeiten nur den Kopf ins Spiel und nutzen sehr wenig das, was die Sinne beeinflussen kann, wie eine Studie dokumentiert (99).

Das galt nicht für antike Wissenschaftler, denken Sie nur an Galileis Dialog über die beiden Weltsysteme oder an die Illustrationen der wissenschaftlichen Bücher seiner Zeitgenossen.

Ein ähnlicher Vorschlag ergibt sich aus der Betrachtung der alten auf mündlicher Überlieferung basierenden Kulturen. Dort hatten wir gelernt, Informationen als Epigramme zu speichern, kleine Geschichten, die mit einem bedeutungsvollen Sprichwort endeten. Die ständige Wiederholung von Epigrammgeschichten lieferte uns eine breite Palette von Referenzen, die zur richtigen Zeit verwendet werden konnten. In unserer gegenwärtigen Kultur haben wir jedoch keine ähnliche Art des Lernens entwickelt und werden von Millionen fragmentarischer, unverdaulicher und bedeutungsloser Geschichten bombardiert. Wenn sie nicht in Epigramme umgewandelt werden, werden sie zu einer Mischung von Fragmenten, die unsere Fähigkeit hemmen, ein zusammenhängendes Verständnis zu konstruieren, und die wir dann speichern.

Denken wir stattdessen an die Fachleute, die diesen Prozess in ihrer Arbeit verwenden und so die passenden Geschichten erzählen können: Für einen Anwalt sind dies zum Beispiel die Fälle, die er vor Gericht verteidigt hat – Geschichten, basierend auf der Betrachtung, Filterung und Neuordnung eines Teils seiner Erinnerungen.

Trotz der Klagen von uns Erwachsenen ist es nicht wahr, dass unsere jungen Leute ihr Gedächtnis nicht verwenden. Es ist eine Generation, die viele hundert verschiedene Pokémon auswendig lernen kann, jedes mit bestimmten Regeln, Fähigkeiten, Kräften und Eigenschaften.

Worin besteht die Schwierigkeit, die Namen und Hauptstädte aller Nationen der Welt zu lernen?

Im Grunde sind es weniger als zweihundert. Vielleicht ergibt sich die Schwierigkeit daraus, wie sie präsentiert werden. Die Pokémon regen das sogenannte interessengesteuerte Lernen (*interest-driven learning*) an, das gute alte „Ich bin interessiert, also lerne ich".

Auf der anderen Seite führt uns das Problem, Interesse zu wecken, zu einem etwas unsicheren Grund. Davon sehen wir hier nur einen Aspekt, außerdem einen negativen.

Es stimmt, dass Technologie ein spielerisches Lernen ermöglicht, besonders in sogenannten „Bildungs"-Videospielen. Aber meiner Meinung nach vermitteln diese die Botschaft, dass bestimmte Dinge, die man lernen muss, nicht gelernt werden, wenn sie nicht besonders schmackhaft gemacht werden.

Bei Montessori hingegen sind nicht alle Materialien dazu bestimmt, als Lehrmittel verwendet zu werden, sondern auf die Bedürfnisse des Kindes zu reagieren und, ich füge hinzu, das Material zu lieben und es nicht zwanghaft in ihre jungen Köpfe einzuprägen.

Was das mnemonische Lernen anbelangt, lautet die häufigste Antwort unserer zukünftigen Erwachsenen: „Wenn Google sich erinnert, warum sollte ich das tun?". Lassen Sie uns nicht daran Anstoß nehmen, weil wir alle einige mentale Aufgaben an andere delegieren.

Wenn wir neue Informationen erhalten, verteilen wir sie automatisch an die Mitglieder unserer sozialen Gruppe oder wir teilen mit unserem Partner die Verantwortung, uns Fakten und Konzepte einzuprägen: Wir erinnern uns an etwas von selbst und für den Rest verlassen wir uns auf andere. Wir wissen etwas, und wir wissen, wer das Übrige weiß. Dadurch werden mentale Ressourcen freigesetzt, um mehr zu lernen. Der einzige Unterschied ist, dass wir uns heute nicht auf Menschen, sondern auf Suchmaschinen oder das Internet verlassen. Ich mache es auch. Wenn ich nicht weiß, wie ich eine technische Frage lösen soll, gehe ich in eines der Foren im Internet. Dort weiß wahrscheinlich jemand, wie man mir eine Lösung gibt. In gewissem Sinne schöpfe ich aus einem Supergedächtnis. Aber ich weiß, dass ich das Problem gründlich analysiert habe, bevor ich um Hilfe gebeten habe, und mich nicht nur mit einem vagen „funktioniert nicht" begnüge. Ich weiß, dass ich meine Manieren nicht vergessen darf und ich weiß, wenn ich etwas nehme, muss ich zum „Supergedächtnis" beitragen mit dem bisschen Wissen, das ich vielleicht produziert habe.

Das ist fast automatisch für *Digital Natives*:

„Je mehr du nimmst, desto mehr gibst du als Gegenleistung. Je mehr du teilst, desto mehr wird mit dir geteilt."

Eine Philosophie, die weit über eine allgemeine Verbesserung des Gedächtnisses hinausgeht.

Natürlich taucht ein Paradoxon auf: Die Ära der Information scheint eine Generation von Menschen produziert zu haben, die überzeugt sind, mehr denn je zu lernen. Ihre Abhängigkeit von Suchmaschinen und dem Internet weist hingegen darauf hin, dass sie die Welt vielleicht immer weniger kennen.

Ich glaube jedoch, dass, wenn wir die Kreativität des einzelnen Verstandes mit der Weite des Wissens im Netz kombinieren, ein Super-Geist geboren wird – oder vielmehr bereits geboren wurde –, der uns enorme Vorteile bringen wird. Vorausgesetzt, wir bereiten unsere zukünftigen Erwachsenen gut vor und sorgen nicht nur für eine bessere technologische Kompetenz.

Es ist eine schwierige, aber notwendige Aufgabe, denn wenn Kinder einen besseren Zugang zu Informationen haben, haben sie ihre Forschungskapazität als solche nicht wesentlich verbessert, wie eine Studie des Pew Research Center berichtet.

Ein Studienteilnehmer synthetisierte wie folgt:

„Sie wissen nicht, wie sie schlechte Informationen herausfiltern können und sie sind es gewohnt, etwas schnell herauszufinden, so dass sie aufhören, wenn sie nicht sofort das finden, wonach sie suchen." (100)

Konkret denke ich, dass wir Technologien in der Schule einführen können, um auf globale Informationen zugreifen zu können. Aber zuerst müssen wir Kindern beibringen, nicht so sehr nach etwas zu suchen, sondern zu forschen. Nicht nur das, wir sollten sie erziehen, die Quellen kritisch zu betrachten, anstatt ihnen nur zu zeigen, wie man Google benutzt bzw. den Zugang zu Wikipedia zu verbieten aus Angst, dass sie möglicherweise den Inhalt passiv kopieren.

Wenn ich diese Ideen als Lehrer in die Praxis umsetze, habe ich andere Probleme:

Wie evaluiere ich, was die Schüler wissen?
Was bedeutet es, ein Argument zu kennen?
Wofür votiere ich, für Wikipedia oder für meinen Schüler?
Was ist bei all dem meine Rolle als Lehrer?

Ich muss mich also selbst davon überzeugen, dass es bei der Hilfe von Technologie nicht nur darum geht, das Internet oder eine Suchmaschine in den Unterricht einzuführen:

Man muss die Architektur des gesamten schulischen Bereichs neu denken.

Es scheint mir offensichtlich zu sein, darauf hinzuweisen, dass in dieser Hinsicht der Montessori-Ansatz, der jedes Urteil auf der Basis von Zuschreibungen vermeidet und die Rolle des Lehrers als Leiter und Helfer definiert, für viele andere Schulen angemessen und zeitgemäß erscheint.

5.12. Neue Situationen bewältigen

Die *exekutiven Funktionen* sind ein komplexes Netzwerk von funktionalen Modulen des Geistes, welche die Prozesse der Planung, Steuerung und Koordination des kognitiven Systems regulieren und die Aktivierung und Modulation von mentalen Mustern und Mechanismen steuern (101).

Diese Funktionen sind am Erwerb neuer Informationen und Fähigkeiten beteiligt, vor allem aber an der Entscheidung von Situationen, die nicht in den Bereich unserer „automatischen“ psychologischen Mechanismen fallen, weil sie noch nie zuvor eingetreten sind.

Die Entwicklung von exekutiven Funktionen ist ein verlässlicher Prädiktor für den zukünftigen Bildungserfolg des Kindes. Darüber hinaus ist diese Entwicklung ein wichtiger Faktor für das harmonische Wachstum seiner Persönlichkeit.

Die wichtigsten exekutiven Funktionen sind:

1. **Das Arbeitsgedächtnis**, welches das Begründen und Verstehen von Ursache-Wirkungs-Beziehungen ermöglicht.
2. **Die Hemmung unangemessener Reaktionen**, also Selbstbeherrschung und Disziplin.
3. **Kognitive Flexibilität**, definiert als die flexible Verschiebung der Aufmerksamkeit auf die gesammelten Informationen, um die angemessene Reaktion unter Berücksichtigung des aktuellen Kontextes, der persönlichen Ziele usw., zu bestimmen.

Eine Studie von Adele Diamond zeigt, wie die Entwicklung exekutiver Funktionen von spezifischen Computerprogrammen profitiert (102), während der Montessori-Ansatz besonders geeignet ist, diese zu stärken, da die exekutiven Funktionen durch konzentriertes aktives Lernen und freie Wiederholung entwickelt werden. Jüngste Entdeckungen weisen darauf hin, dass exekutive Funktionen nicht von perzeptiven und motorischen Systemen isoliert werden können und dass sie im Gegenteil über diese strukturiert sind (103). Dann gibt es unter Montessoris Begriff „Normalisierung“ einige Phänomene, die direkt auf die Entwicklung der exekutiven Funktion der Selbstkontrolle hinweisen.

Selbstkontrolle ist auch mit einem anderen bekannten Phänomen bei der Nutzung von Informationstechnologie verbunden: Dem Mangel an Messungen bei ihrer Verwendung aufgrund einer nicht ausgereiften Wahrnehmung von Zeit und Dauer durch Kinder.

In der Familie werden normalerweise restriktive Strategien angeboten, die zwar das Problem (AÜ: vordergründig) lösen, die entsprechenden exekutiven Funktionen jedoch nicht reifen lassen. Im Gegenteil, in einer Montessori-Schule ist das Ziel das Wachstum von Selbstkontrolle und Konzentration, die exekutive Funktionen sind. Ein interessantes Beispiel findet sich in Abschnitt 13.4, in dem die Kinder selbst eine Lösung für die Schwierigkeiten vorgestellt haben, denen sie bei der Festlegung von zeitlichen Grenzen für die Nutzungsdauer eines technologischen Werkzeugs konfrontiert waren.

Indirekt könnte die kognitive Flexibilität verbessert werden, indem man lernt, ein technologisches Werkzeug zu verwenden, das zuvor nie benutzt wurde, wie ein *Tablet* oder ein *Smartphone*.

Um sie bestmöglich ausnutzen zu können, müssen wir die kognitiven Muster umstrukturieren und lernen, anders zu denken und so den Geist auf Flexibilität trainieren.

Wenn wir über Materialien sprechen, werden wir sehen, dass dieser Effekt nicht auf den Einsatz von Technologie zurückzuführen ist, sondern darauf, dass auf den Geist etwas Neues und anderes einwirkt.

Der gleiche Effekt wird bei kleinen Kindern gefunden, die eine Verbesserung des Lernens zeigen, wenn sie Geschichten mit Phantasiethemen hören, wie eine Studie herausgefunden hat (104). Die Forscher vermuten, dass in diesem Fall die phantastische Geschichte die Kinder dazu veranlasst haben könnte, weniger rigide zu denken und dass sie dadurch eher in verwandten Aufgaben erfolgreich waren.

Zusammenfassung

1. Das Gehirn hatte keine Zeit sich zu entwickeln, um mit den neuen Aufgaben der technologischen Welt fertig zu werden, aber es war in der Lage, seine verschiedenen Teile zu verbinden und sie anders zu entwickeln.
2. Wir kennen die langfristigen Auswirkungen des Technologieeinsatzes gerade in der Schule noch nicht gut. Daher glauben wir nicht, dass wir eine eindeutige Antwort auf die Frage haben, ob die Technologien in der Schule Vorteile für die Gehirnentwicklung haben oder nicht.
3. Was eine Montessori-Schule tut, ist perfekt in Einklang mit den funktionierenden Mechanismen des Gehirns. Ein Experte auf dem Gebiet sagte mir:

„Montessori funktioniert, weil es so funktioniert wie das Gehirn.“ Bewegung, Nachahmung, die Verwendung von Händen, Normalisierung usw. aktivieren oder nutzen Gehirnmechanismen, was langfristigen Nutzen erbringt. Technologien können diese Ergebnisse nicht immer verbessern.

4. Die verschiedenen Materialien, die Umwelt und die Aktivitäten, die wir in einer Montessori-Schule finden, entfalten eine Wechselwirkung. Sie muss eingeplant werden um nicht diese Pädagogik selbst zu verzerren, weil man die Mechanismen des Gehirns ignoriert auf denen diese Wechselwirkung basiert, oder schlimmer noch, wenn man die Kräfte des Kindes ignoriert.

6. Neue Technologien: ein zusätzliches Montessori-Material?

Zu oft ist Montessoris Ansatz in unkorrekter und reduzierter Weise auf Materialien beschränkt und vergisst die „kopernikanische Revolution“, die diese Ideen in der Beziehung zwischen Erwachsenen und Kindern ausgelöst haben. Der Fehler ist teilweise zu rechtfertigen, denn es steht außer Zweifel, dass Materialien in der Montessori-Pädagogik eine sehr wichtige und sehr sichtbare Rolle spielen.

Montessori definiert ihr Material eindeutig als „sensorisches Entwicklungsmaterial“, denn es ist vor allem eine Entwicklungshilfe für das Kind. Es ist kein Lehrmittel, um den Lehrer zu unterstützen, seinen Unterricht verständlicher und effektiver zu gestalten.

Camillo Grazzini erzählt leidenschaftlich, wie die Montessori-Materialien, die wir kennen, entstanden und wie sie sich entwickelt haben (1). Er unterstreicht, wie diese niemals durch eine Theorie aufgezwungen wurden, sondern durch eine notwendige Evolution, die bestätigt wurde durch Experimente und durch die Beobachtung, wie Kinder auf die Materialien reagierten.

Ich bin überzeugt, dass Maria Montessori, hätte sie heute gelebt, auch technologische Materialien analysiert und berücksichtigt hätte. Wie Grazia Honegger Fresco uns erinnerte: *„Technik entsprechend den Modalitäten aller anderen Materialien, freie Wahl, Individualisierung, Selbstkorrektur und so weiter“.*

Zu diesen Leitideen fügen wir zwei operative Vorschläge hinzu, die von der Webseite (2) der Opera Nazionale Montessori kommen, die den neuen Technologien gewidmet ist:

Erstens müssen die technologischen Materialien in der Vorbereiteten Umgebung ihren Platz haben.

Zweitens muss keine Technologie zu einer eigenständigen Disziplin werden.

Der Zweck dieser Regeln ist einerseits, die inhaltliche Verbindung der gesamten Montessori-Materialien untereinander nicht zu stören, andererseits die freie Wahl der Kinder zu erleichtern. Darüber hinaus vor allem einem der Paradoxa der traditionellen Schule zu entgehen: Die Jugendlichen sind von Technologie umgeben und in der Schule sehen sie, wie diese in Computerräume verbannt wird.

Wie können wir nun entscheiden, ob ein technologisches Objekt als zusätzliches Material in einer Montessori-Schule betrachtet werden kann?

In dem erwähnten Artikel unterstreicht Grazzini, wie

> *„die Konzeption jedes Materials die Übernahme einiger unentbehrlicher Eigenschaften impliziert, wie das Wissenschaftliche, die Genauigkeit, die Spektabilität (d. h. ›die Isolation der einzigartigen Qualität‹), die essentielle Linearität, die Fehlerkontrolle, die Grenzen, die Anregung der Aktivität (...) und jenes sehr wichtige Element, das durch Schönheit repräsentiert wird“.*

Hier geben wir nicht vor, ein neues Material entstehen zu lassen, das versucht, eine so große Erfahrung nachzuahmen. Stattdessen können wir damit beginnen, eine Liste von Mindestmerkmalen zu verdeutlichen, die ein Material als Entwicklungsmaterial enthalten muss. Eine Liste, die auf den oben genannten „unverzichtbaren Eigenschaften“ basiert, die aus der wissenschaftlichen Arbeit der Dottoressa hervorgegangen sind.

Wir kennen daher die Eigenschaften eines jeden Materials:

1. Es muss die freie Wahl zulassen.
2. Es muss eine Selbstkorrektur möglich machen (dies und der vorherige Punkt sind die Prämissen, die selbstgesteuerte Erziehung ermöglichen).
3. Es muss das Timing des Kindes respektieren (es arbeitet in seiner eigenen Geschwindigkeit, wenn es das Material findet, das seinen Interessen entspricht).
4. Es muss spontane Wiederholung ermöglichen (das Kind muss kein Produktivitäts- und Effizienzziel erreichen).
5. Es muss die sinnliche Erforschung und den Gebrauch der Hände erleichtern (das Kind denkt mit seinen Händen).
6. Es muss Abstraktionen konkretisieren (sehr deutlich im psychoarithmetischen Material).
7. Es muss die Konzentration möglich machen (siehe die bereits geschilderten Voraussetzungen um in *Flow* zu geraten).

8. Es muss Aufgaben mit einem klaren Ziel und mit einem genauen Rahmen erstellen (spezifiziert besser den vorherigen Punkt).
9. Es darf nicht auf den direkten Erwerb einer operativen Kompetenz abzielen (das Kind interessiert sich mehr für den Prozess als für das Ergebnis).
10. Es muss eine dominante Qualität isolieren (um keine kognitive Verwirrung zu erzeugen).
11. Es muss schön und attraktiv sein (um das Kind einzuladen, es zu benutzen).
12. Es muss erlauben zu handeln (Kinder dürfen nicht passiv sein).
13. Es muss innerhalb von Grenzen nutzbar sein (z. B. es muss in einem einzigen Exemplar vorhanden sein und von einem einzelnen Kind benutzt werden (AÜ: oder in der Schule (6–12 J.) von einer Kindergruppe).
14. Es muss einen (direkten oder indirekten) Lernzuwachs ermöglichen.

Lassen Sie uns anhand dieser Liste ein hypothetisches Beispiel analysieren.

Angenommen, der Lehrer hat entschieden, dass eine Roboteraktivität ein guter Vorschlag für die Kinder von 8–9 Jahren ist.

Die Aktivität basiert auf einem LEGO MINDSTORMS Roboter, der sowohl erlaubt, den mechanischen Teil mit den notwendigen Sensoren und Motoren zu konstruieren als auch die Aktionen auf einem Prozessorblock zu programmieren. Würde dieses Material als Montessori-Material gelten?

Lassen Sie uns das überprüfen:

1. Es muss freie Wahl erlauben (ja, es wird dem Kind zur Verfügung gestellt).
2. Es muss Selbstkorrektur möglich machen (ja, wenn man einen Fehler begeht, wird es nicht funktionieren).
3. Muss das Timing des Kindes respektieren (ja).
4. Es muss spontane Wiederholung zulassen (ja, mehr in der Planungs-/Programmierungsphase als in der Konstruktion).
5. Es muss die sensorische Erforschung und den Gebrauch von Händen erleichtern (zum Teil, denn sobald es konstruiert ist, erfordert es logisches Denken um es zu programmieren).
6. Es muss die Abstraktionen konkretisieren (ja, es macht die Abstraktion einer Befehlsfolge sichtbar).

7. Es muss eine Konzentration möglich machen (ja, im Allgemeinen, außer für den nächsten Punkt).
8. Es muss Aufgaben mit einem klaren Ziel und einem präzisen Rahmen schaffen (teilweise, weil der Lehrer einen klar definierten Auftrag vorschlagen muss).
9. Es darf nicht auf den direkten Erwerb einer operativen Kompetenz gerichtet sein (nein, man muss lernen, es zu benutzen).
10. Es muss eine dominierende Qualität isolieren (nein, es gibt keine herausragende Qualität).
11. Es muss schön und attraktiv sein (das würde ich nicht unbedingt behaupten).
12. Es muss erlauben zu handeln (ja).
13. Es muss innerhalb von Grenzen nutzbar sein (teilweise, weil die Grenzen vom Lehrer festgelegt werden müssen).
14. Es muss einen (direkten oder indirekten) Zweck des Lernzuwachses erfüllen (ja, weil das Programmieren die Logik und die Fähigkeit entwickelt, einen Algorithmus zu entwerfen).

Nun können Sie mit Ihrer Sensibilität als Montessori-Lehrer und mit der Beobachtung des Kindes feststellen, ob die Übereinstimmungen (5, 8 und 13) und die Diskrepanzen (9, 10 und 11) zulassen, es als Entwicklungsmaterial anzusehen oder nicht. Sobald dies entschieden ist, benötigen Sie noch Ihre Erfahrung, um zu definieren, wie das Material den Kindern präsentiert werden könnte.

Nehmen wir an, ein modernes technologisches Material hat die Auswahl bestanden und wurde in einer Schule eingeführt. Es steht ihnen zur Verfügung. Aber vielleicht ignorieren Kinder es und wenden sich lieber älteren Technologien zu. So geschah es in der Schule meines Sohnes, wo eine mechanische Schreibmaschine anstelle des Computers sehr beliebt war. Warum? Um das zu verstehen, lassen Sie uns einige psychologische Prinzipien betrachten, von denen Maria Montessori sagt, dass sie diese von den Kindern selbst gelernt hat:

„Eines von ihnen ist, dass das Kind dank seiner individuellen Aktivität lernen muss; es muss geistig frei gelassen werden, um zu wählen, was es braucht, ohne dass seine Wahl diskutiert wird.

Unser Unterricht muss nur auf die intellektuellen Bedürfnisse des Kindes eingehen, sie dürfen ihnen niemals aufgepropft werden.
So wie ein kleines Kind nicht stillsitzen kann, weil es seine Bewegungen koordinieren muss, so das ältere Kind, das turbulent zu sein scheint, um das ‚was', sowie das ‚warum' herauszufinden von allem, was es erblickt. Mit seiner geistigen Aktivität organisiert es die eigene Intelligenz und es muss ihm ein weites kulturelles Feld angeboten werden, aus dem es schöpfen kann."

Maria Montessori, Come educare il potenziale umano, Kap. 1

Hier wählt das Kind das, was es benötigt, aus dem, was wir anbieten. Wenn eine mechanische Schreibmaschine seine intellektuellen Bedürfnisse erfüllt, ist sie willkommen. Die Schule darf diese Bedürfnisse nicht ignorieren und das Kind zum Beispiel zwingen, das *tablet* oder das interaktive Whiteboard zu benutzen. Das *„weite kulturelle Feld der Kultur, aus dem es schöpft"* darf nicht auf ein paar Vorschläge des gleichen Typs reduzieret werden.

Stattdessen sollte uns dieses Interesse an einer Technologie, die wir als veraltet betrachten, zum Nachdenken bringen, weil wir die neueste Technologie als die Lösung für jedes Problem betrachten und vergessen, das Problem selbst zu lösen. Es gibt viele Beispiele aus so genannten Entwicklungsländern, die uns verstehen lassen, dass es die Notwendigkeit, die Kreativität und die Leidenschaft sind, welche bei der Lösung von Problemen die Hauptrolle spielen, nicht die modernste Technologie.

Eine ziemlich häufige Beobachtung von Lehrern ist, dass das technologische Werkzeug die Aufmerksamkeit von Kindern auf sich zieht und dass sich somit ihre Unterrichtsbeteiligung erhöht. Tatsächlich stellen Lehrkräfte ein größeres Interesse der Klasse fest, wenn sie das *Smartphone* benutzen, während für andere der gleiche Effekt bei der Verwendung des interaktiven Whiteboards entsteht.

Wenn wir jedoch gut beobachten, was passiert, sehen wir, dass die Veränderung nicht durch die Technologie selbst verursacht wird, sondern vielmehr durch eine andere Art des Unterrichts.

Betrachtet man die neuen Technologien als ein zusätzliches Material, denkt man über die Gesamtentwicklung des Kindes nach und bietet Antworten auf seine intellektuellen Bedürfnisse, dann können wir die Technologie in die Montessori-Schule einbeziehen. Mit gutem Grund wird dann die Behauptung widerlegt, Montessori-Unterricht sei starr. Die Montessori-Pädagogik ist nicht starr, sie ist ernst. Die scheinbare Starrheit spiegelt genau die Berücksichtigung und den Respekt der zugrunde liegenden Ideen wider, die nicht bei den unmittelbarsten und sichtbaren Aspekten aufhören.

Montessori selbst lebte diese Einstellung und lud den Erzieher ein, alternative Verwendungsmöglichkeiten des Materials zu würdigen, wenn man diese konstruktiv in Betracht zieht (5).

Einschätzungen, die deutlich machen, wie montessorianische Ideen entsprechend den sozialen und technologischen Veränderungen erweitert werden können, wenn nur die Schlüssigkeit und der Zweck der Ideen, nämlich das Wachstum des Kindes, beachtet werden.

Renilde Montessori, Enkelin von Maria, sagte in einem Interview, dass

> *„die Methode immer gleich geblieben ist: Was sich geändert hat, ist die Begeisterung, die durch die Methode hervorgerufen wird und nicht die Methode selbst. Viele Eltern stellen die gleiche Frage, d. h. sie fragen, ob das ›nützliche Spielzeug‹, erfunden von Maria Montessori zu Beginn des* (AÜ: 20.) *Jahrhunderts, nicht ein bisschen altmodisch ist, verglichen mit dem Fortschritt, den die menschliche Spezies seitdem gemacht hat. Die Antwort ist nein. Materialien und Spielzeuge sind das Ergebnis der Entscheidungen der Kinder, mit denen Maria fünfzig Jahre lang zusammengearbeitet hat, und die Kinder haben sich nicht verändert. Es ist sehr schwierig, den Eltern zu erklären, dass die menschliche Spezies seit Tausenden von Jahren unverändert ist und dass sich auch das Kind trotz äußerer Veränderungen nicht verändert hat“* (6).

Wir sind daher nicht frei, etwas zu ändern oder um jeden Preis das Neue zu favorisieren.

Stattdessen sind wir frei, zu erforschen, vorzuschlagen und zu experimentieren. Immerhin schrieb Maria Montessori: *„Ich habe erst mit der Arbeit begonnen“* (7) und nun liegt es an den Lehrern, weiterzumachen.

Ein negatives Beispiel

Ein Beispiel kann verdeutlichen, **wie wir die Technologie nicht in den Montessori-Ansatz einbringen dürfen**:

Montessorium (8) ist ein Unternehmen, dessen Motto lautet: „Machen wir die Montessori-Mcthode durch Lern-Apps zugänglicher". Es bietet eine App als „Einführung der Buchstaben" an, welche die Sandpapierbuchstaben simuliert, „Einführung in die Mathematik" mit virtuellen Spindeln, und reproduziert zur „Einführung in Farben" die Farbtäfelchen auf einem Tablet oder Smartphone.

Was mit diesen Apps nicht stimmt, liegt auf der Hand:

Sie nehmen nur die äußeren Aspekte der Entwicklungsmaterialien auf, aber nicht, warum sie so gemacht wurden. Die haptische Erfahrung der Sandpapierbuchstaben, der Spindeln oder der Farbtäfelchen fehlt, eine grundlegende Erfahrung mit den Montessori-Materialien. Die Körperlichkeit der Materialien, die ein Gewicht haben und Raum beanspruchen, trägt dann dazu bei, andere Informationen an das Kind zu übermitteln, quasi auf einem parallelen Gleis.

Kurz gesagt, diejenigen, die die Methode mit der App favorisieren, vergessen, dass die Montessori-Methode viel mehr ist als das Schreiben zu lernen und die Zahlen zu erkennen. Eines der vielen „mehr" ist die Abwesenheit von Beurteilungen und Belohnungen, während diese Apps in gewisser Weise das Kind belohnen, wenn es die Übung korrekt durchführt. Etwas, das überhaupt nicht im Sinne Montessoris ist.

Es ist ferner zu kritisieren, wie diese App dem Kind vorgeschlagen wird. Hier gibt es keinen Erwachsenen, der nach der Beobachtung die richtige Arbeit zur richtigen Zeit vorschlägt; es ist allein das Kind, das zu wählen hat.

Stattdessen gibt es die alte Vorgabe des Erwachsenen: Denn wenn wir eine App installieren, haben wir an Stelle des Kindes entschieden.

Im Gegenteil, selbst wenn das Kind die Buchstaben auf ein Blatt Papier zeichnet und ohne Verwendung der Sandpapierbuchstaben sowie ohne eine entsprechende taktile Rückgriffmöglichkeit verfährt, wie es mit der App passiert, ändert sich die Herangehensweise an die Aktivität vollständig. Selbst die Neugierde, die das Kind ausüben könnte, indem es die in der Umgebung vorhandenen Materialien erforscht, geht jetzt auf den Erwachsenen über. Dieser allein kann sich in den Online-Bibliotheken oder in den *App-Stores* orientieren.

Verschiedene Lehrer haben mich darauf hingewiesen, dass diese Apps bald von Kindern verlassen werden, weil die sensorischen Materialien viel interessanter sind. Umgekehrt nimmt die Verwendung dieser Pseudo-Materialien jegliches Interesse daran weg. Dies geschieht übrigens auch, wenn Originalmaterialien statt in der Schule zu Hause unterstützend verwendet werden. So wird die Arbeit des Lehrers ruiniert.

Nebenbei gesagt: Selbst diejenigen, die die Büchlein *Le mie attivatà Montessori* produzierten, in denen ich einen rosa Turm zum Ausmalen fand, verstanden nichts von Montessori, denn sie verstanden nicht, dass selbst der bescheidene rosa Turm den direkten Zweck des Bauens hat, aber vor allem den indirekten Zweck, Bewegungen zu koordinieren.

Wenn man die Kuben nicht physisch handhabt, werden die Bewegungen natürlich nicht koordiniert.

Zusammenfassung

1. Montessori-Materialien sind scheinbar „rückständig", aber sie funktionieren, weil sie das Wachstum von cerebralen Funktionen stimulieren, die für die Entwicklung des Kindes von grundlegender Bedeutung sind, was durch ernsthafte wissenschaftliche Studien untermauert wird.
2. Wenn sie einen Platz in einer Montessori-Schule finden wollen, müssen alle Materialien, insbesondere technologische Materialien, Entwicklungsmaterialien sein und nicht Lehrmaterialien in den Händen von Erwachsenen, die unterrichten.
3. Die Technologie muss daher genauso wie andere Materialien verwendet werden. Sie muss in der Vorbereiteten Umgebung platziert werden und keinen autonomen Bereich bilden.
4. Schließlich dürfen wir nicht vergessen, dass das Kind nicht produktiv sein soll, nicht schneller schreiben oder rechnen muss; es soll sich entwickeln.

7. Das Paradox der Zukunft

In gewisser Weise, ich würde sagen unlogischerweise, machen wir immense Anstrengungen, um unsere Kinder auf eine Zukunft vorzubereiten, die wir uns immer noch schwer vorstellen können. Die Absurdität ist, dass dieses Engagement mit einer Schule koexistiert, die so funktioniert, als ob die Welt und die Schüler immer so bleiben werden, wie sie heute sind.

„Weil moderne Erziehung so selten von großer Hoffnung inspiriert ist, wird so selten ein gutes Resultat erreicht. Der Wunsch, die Vergangenheit zu bewahren und nicht die Hoffnung, die Zukunft zu erschaffen, *beherrscht die Köpfe derjenigen, die die Bildung junger Menschen kontrollieren."*

Bertrand Russell

Lassen wir jetzt diese pessimistische Analyse beiseite, wenn sie auch leider richtig ist. Versuchen wir uns vorzustellen, wie die Welt sein wird, wenn unsere Kinder das Bildungssystem verlassen. Diejenigen welche in diesem Jahr geboren werden (2018) sind im Jahr 2032 vierzehn Jahre alt, und sie werden sich in einer ganz anderen Welt wiederfinden, mit etwa acht Milliarden Menschen bevölkert.

- Wo die Ölproduktion schrumpft.
- Wo wir mit der globalen Erwärmung leben müssen.
- Wo Wasser immer kostbarer sein wird.
- Eine Welt, in der die Megastädte Bevölkerung und Ressourcen verschlungen haben.
- Wo es Berufe gibt, die wir uns gar nicht vorstellen können, für welche die Arbeit in der heute konzipierten Praxis vielleicht keinen Sinn mehr hat.
- Wo Maschinen uns bei einer zunehmenden Anzahl von Tätigkeiten ersetzt haben.

Und wer weiß, was wir nicht sonst noch vorhersagen können, wie der Physiker Niels Bohr witzelt:

„Vorhersagen zu machen ist eine sehr schwierige Sache, besonders wenn sie die Zukunft betreffen".

Wer es vor allem auf technologischem Gebiet versucht, endet oft auf fast komische Weise:

„Ich denke, in der Welt gibt es vielleicht einen Markt für vier oder fünf Computer“.

Thomas Watson, Präsident von IBM, 1943

„Ich sage voraus, dass das Internet bald eine spektakuläre Supernova werden wird und 1996 katastrophal zusammenbrechen wird.“

Robert Metcalfe, Gründer von 3Com und Erfinder von Ethernet, 1995.

„Wen interessiert es, tausend Lieder zu hören?“

Ed Zander, CEO von Motorola, spricht über Apples iPod, 2006.

Selbst die verpassten Vorhersagen sind reichlich vorhanden. In Blade Runner, einem Science-Fiction-Film, der inzwischen Kult geworden ist, gibt es fliegende Autos, künstliche und nachgebildete Intelligenzen, doch der Protagonist, der anruft, benutzt eine Telefonzelle. Der Regisseur konnte sich Handys einfach nicht vorstellen. Oder wir neigen uns dem entgegengesetzten Extrem zu, weil wir die Tendenz haben, übertrieben zu extrapolieren, wie sich moderne Technologie in unser Leben einfügt. So hat Ford 1958 die *Nucleon*-Studie begonnen: Ein Auto, das von nichts weniger als einem Atomreaktor angetrieben wird!

Sicher ist nur, dass es viel früher und anders kommen wird, als wir es erwarten. Mancher kann jedoch unsere technologische Zukunft sehen. Das bekannteste Beispiel ist Vannevar Bush, der 1945 „As We May Think "(1) schreibt, was übersetzt „Wie wir denken können“ bedeutet. Eine visionäre Schrift, aber mit der Technologie der Zeit vorgestellt. Zusammen mit ihm versucht der Science-Fiction-Schriftsteller Isaac Asimov in der New York Times 1964 der Zukunft in fünfzig Jahren sehr nahe zu kommen (2). Und Leonardo da Vinci? Er hat sich die Zukunft nicht nur vorgestellt, er hat sie geschaffen.

Vielleicht können uns die Kinder sogar helfen. Dies ist bei einer Gruppe im Alter von acht bis zwölf Jahren mit Antworten geschehen, welche die besten Zukunftsforscher würdigten. In der Studie *Robots @ School* (3) wurden sie gebeten, sich eine Situation vorzustellen, in der Roboter ein fester Bestandteil des täglichen Lebens sind. Einige sind in einer Science-Fiction-Vision der Maschine verankert geblieben, während die meisten sie sich als „humanoide Begleiter" vorstellen, mit denen sie sich identifizieren und sich sogar anfreunden können. Dieser Aspekt zeigt uns nicht nur die Zukunft, sondern auch: Im Gegensatz zu uns Erwachsenen sind Kinder und Jugendliche viel mehr daran interessiert, was Technologie „mit ihnen" und nicht „für sie" tun kann. Denken wir daran: Wir sollten immer den Kindern lauschen, nicht nur angelegentlich strukturierter Studien wie dieser.

Wir müssen uns selbst davon überzeugen, dass wir uns trotz der vielen Daten, die wir sammeln können, die Zukunft nicht vorstellen können, wie sehr sich die Prognostiker auch täuschen mögen.

Bertrand Russell war rücksichtslos gegenüber denen, die nicht überzeugt waren. Für diese konzipierte er die Metapher des „futuristischen" Hühnchens, das jeden Morgen Futter erhielt und zu dem Schluss kam, dass es jeden Morgen Futter erhalten würde, eine Schlussfolgerung, die sich erst am Heiligabend als falsch herausstellte!

Dies ist auch das *Leitmotiv* eines Essays von Nassim Taleb (4), eines Experten in Wissenschaften um unwahrscheinliche Ereignisse, der die Metapher des „schwarzen Schwans" benutzt, um ein Ereignis zu beschreiben, das sich als Überraschung präsentiert, eine wichtige Wirkung hat und häufig im Nachhinein, nachdem es passiert ist, unangemessen rationalisiert wird.

(AÜ: Der schwarze Schwan: Die Macht höchst unwahrscheinlicher Ereignisse – alle Schwäne sind weiß – davon waren die Europäer bis ins 17. Jahrhundert überzeugt. Dann wurde Australien entdeckt. Dort gibt es schwarze Schwäne. Was keiner für möglich gehalten hatte, war auf einmal Realität.)

Mehr als den Aufbau des Buchs fand ich den Rat des Autors sehr interessant, die negativen Auswirkungen von unerwarteten Ereignissen einzudämmen und die positive Seite zu nutzen, anstatt sie zu prognostizieren versuchen.

Für Taleb ist notwendig: das „wissen, nicht zu wissen" verstärkt das Sokratische.

Ich füge hinzu, in der Bekanntschaft mit Montessoris „Mr. Error" und daran erinnernd, dass nicht jeder Frage unbedingt eine einzige richtige Antwort entspricht: Unsere künftigen Erwachsenen werden jeder zukünftigen

Welt mit buchstäblich nichts in der Hand begegnen, wie Eric Hoffer reflektiert:

„In Zeiten tiefgreifender Veränderungen werden die Schüler die Erde erben, während die Gelehrten sich gut gerüstet fühlen werden für eine Welt, die nicht mehr existiert."

Eric Hoffer, Reflexionen über die menschliche Verfassung, 1973

Vielleicht ist es die die von Alan Kay vorgeschlagene Lösung des Dilemmas: *„Die beste Art, die Zukunft vorherzusagen, ist es, sie zu erfinden"*, was er persönlich tat, indem er unter anderem *Laptops* und moderne grafische Schnittstellen entwarf (5).

Solche Innovatoren sind diejenigen, die die Zukunft erschaffen und ihr Lehrer habt sie in der Schule vor Augen.

7.1. Wir lehren, aber die Innovatoren sind uns voraus

Wie würden Sie als Lehrer Larry Page und Sergey Brin sehen?

Wie hat es sich angefühlt, als sie Google entwickelt haben?

Aber sie sind nicht die einzigen Innovatoren aus Montessori-Einrichtungen. Aus diesen Einrichtungen kamen Menschen, die nicht nur Arbeit gefunden, sondern auch neue Arbeit geschaffen haben. Ein Grund mehr, die wunderbaren Fähigkeiten des Kindes zu erkennen und ihm zu vertrauen, wie es sicherlich auch jene Montessori-Pädagogen getan haben werden.

Ein im „Harvard Business Review" (6) veröffentlichter Artikel untersucht, wie Innovatoren denken, und stellt fest, dass *„die innovativsten Unternehmer sehr glücklich sind, in einer Atmosphäre aufgewachsen zu sein, in der aufmunternde Fragen gestellt werden konnten. Sie erzählen, dass sie von Menschen unterstützt wurden, denen Experimentieren und Erforschen am Herzen lag ... "*

Wo ist das passiert? *„Eine Reihe von innovativen Unternehmern besuchten Montessori-Einrichtungen, wo sie lernten, ihrer Neugierde zu folgen"*.

Das erinnert genau an Will Wright, einen Pionier der Videospiele. Für ihn war Montessori ein *„phantasievoller Verstärker"*, der ihn auf die Entstehung der Videospiele *The Sims, SimCity, Spore* und *Super Mario Bro-*

thers vorbereitete, wobei *„SimCity direkt aus Montessori geboren wurde ... Es ist pures Lernen in deinem eigenen Tempo“.* (7)

Ich glaube, dass seine Lehrerin nichts Besonderes getan hat, außer zu beobachten und dann auf die Bedürfnisse jedes Kindes zu antworten. Das ist die Aufgabe eines jeden Montessori-Pädagogen, ohne sich auf das zu beschränken, was er selbst zu wissen glaubt.

„Beschränke ein Kind nicht auf dein eigenes Lernen, denn es wurde in einer anderen Zeit geboren“, rät Rabindranath Tagore.

7.2. Gute Noten bedeuten keine bessere Arbeit

Das letzte Paradoxon ergibt sich schon seit einigen Jahren unter den Augen aller aus der Kluft zwischen einer linearen Sichtweise der schulischen Vorbereitung und den zukünftigen Berufsaussichten. Immer mehr Absolventen haben auf eigene Kosten entdeckt, dass die Gleichung „gute Noten gleich beste künftige Tätigkeit“ nicht mehr gültig ist und dass der Abschluss an einer angesehenen Universität nicht unbedingt die Tür zu einer fulminanten Karriere öffnet. So sehr, dass es in Amerika junge Menschen gibt, die Alternativen zu Colleges suchen oder einfach nicht weiter studieren. Auch in anderen Teilen der Welt, wie in der Schweiz, wo alle Berufe als wichtig angesehen werden, nicht nur Intellektuelle oder Akademiker, gilt diese Erkenntnis.

Darüber hinaus schätzen Analysten, dass in den nächsten zwei Jahrzehnten zwischen 40 und 50% der Arbeitsplätze durch Maschinen ersetzt werden. Berufe, die Empathie, Kreativität, soziale Intelligenz, Kommunikation und Verhandlungsgeschick benötigen, werden weiterbestehen. Zusammen mit diesen werden bisher unerwartete Beschäftigungsmöglichkeiten in Jobs entstehen, die auf menschlichen Beziehungen basieren oder die starke kognitive und soziale Fähigkeiten erfordern. Das sind gute Nachrichten für Pädagogen und Lehrer, aber jeder muss vom Wert der Gesamtbildung der Person in Bezug auf die Noten oder auf das spezifische Curriculum überzeugt werden:

Die neue Wirtschaft erfordert eine andere Auffassung von Talenten ... Was bedeutet das? Wir werden in Zukunft von unseren Erfahrungen hier und jetzt tief be-

einflusst werden. Bildung ist kein linearer Vorbereitungsprozess für die Zukunft: Sie kultiviert die Talente und Befindlichkeiten, die es uns ermöglichen, unser Leben in der Gegenwart besser zu leben und uns eine Zukunft zu schaffen.

Sir Ken Robinson, Fuori di testa, 2015, p. 235

Diese Beobachtungen wurden Ken Robinson jedoch von Maria Montessori vorweggenommen, die bereits 1939 in London über Jugendbildung sprach und beobachtete:

„Es ist nicht mehr eine Frage der Ausbildung für eine Karriere, wie denn heute eine Karriere sehr unsicher ist. Derzeit gibt es so viele Veränderungen in der Form von sozialer Arbeit und intellektuellen Anwendungen, dass die von den Schulen angebotene Ausbildung nicht mehr den Bedürfnissen entspricht.
Stattdessen sollten wir Menschen mit größerer Anpassungsfähigkeit auf die Umstände vorbereiten, die sich jederzeit ändern können. Sie müssen zweifellos einen technischen Hintergrund haben, aber auch andere Fähigkeiten besitzen."

Maria Montessori, The Education of the Adolescent (10)

Es ist daher notwendig, radikal das Konzept der Schule zu ändern, das leider immer noch von jenen dominiert wird, die es mit einer „industriellen" Vorstellung von Unterricht bestimmen:

„Als ob das Training ein industrieller Prozess wäre, der nur mit besseren Daten verbessert werden kann. Ich denke, irgendwo in den Köpfen mancher Politiker ist die Idee, dass, wenn wir das System besser anpassen, wenn wir es funktionaler machen, wird es zukunftsreif. Aber es ist nicht so und das war es nie. Tatsache ist, dass Bildung kein mechanisches System ist. Es ist ein menschliches System, es geht um Menschen, Menschen, die lernen wollen oder die es nicht wollen."

Sir Ken Robinson, Wie aus dem Death Valley der Bildung zu entkommen, 2013 (11)

Wenn wir die Zukunft verändern wollen, muss die Lehre wieder zu einem Moment der menschlichen Bildung und der Entwicklung des Individuums werden, denn

„Wenn Bildung immer nach den uralten Schemata der Wissensvermittlung gedacht wäre, gäbe es keine Hoffnung mehr für die Zukunft der Welt.
Was bedeutet schon die Weitergabe von Wissen, wenn die allgemeine Bildung des Menschen vernachlässigt wird?" (12)

Zusammenfassung

1. Überzeugen wir uns davon, dass die Zukunft viel früher und anders kommen wird als wir voraussehen können.
2. Kinder und Jugendliche sind im Gegensatz zu uns Erwachsenen viel mehr daran interessiert, was Technologie „mit ihnen“ machen kann als „für sie“.
3. Ermutigen Sie sie, die Zukunft zu erfinden, wie es Leonardo da Vinci und Alan Kay getan haben. Versuchen wir uns vorzustellen, welche Auswirkungen ein kleiner Ansporn für Kinder haben könnte, wenn sie uns eine ihrer irre tollen Ideen vorstellen könnten.
4. Ein Montessori-Pädagoge muss nichts Besonderes tun, abgesehen davon, dass er ein guter Montessori-Pädagoge ist, der ein Umfeld schafft, in dem Neugier geweckt wird und Fragen gestellt werden.
5. Dem Kind, dem potentiellen zukünftigen Innovator, müssen Demut und Vertrauen entgegengebracht werden. Wir müssen über Innovatoren nachdenken, die zu solchen geworden sind, weil sie in der Lage waren, zu experimentieren und zu forschen, nicht weil sie sich hinter einem Tablet verkrochen haben.
6. Lassen Sie uns schließlich die Achtung vor dem „Mr. Error“ verstärken, der uns so oft besuchen wird, wenn wir versuchen die Zukunft vorherzusagen.

8. Was dient den Kindern für die Zukunft?

Die große Angst der Eltern besteht darin, dass ihre Kinder zurückbleiben und sie fordern daher eine „moderne“ Schule, die auf massiven Mengen von Ideen und Technologie bereits in den frühen Schuljahren beruht, ohne zu bedenken:

Die Analphabeten des 21. Jahrhunderts werden nicht diejenigen sein, die nicht lesen und schreiben können, sondern diejenigen, die nicht lernen, verlernen und wieder neu lernen können.

Alvin Toffler, Der Schock der Zukunft, 1971

Um die Fähigkeiten zu erwerben, von denen Toffler spricht, müssen wir uns auf das konzentrieren, was wirklich wichtig ist, um der Zukunft entgegenzusehen und aufhören, die frühen Lebensjahre als einen Ort der Vorbereitung auf eine berufliche Karriere zu betrachten. Dies wird einige Zeit später stattfinden, wenn die Grundlagen der Persönlichkeit vorhanden sind.

Bei näherer Betrachtung haben Kinder bereits die Fähigkeiten, um sich den Herausforderungen von morgen zu stellen: Imagination, Neugier, Ausdauer, Mut, Anpassungsfähigkeit und Leidenschaft. Es ist offensichtlich, dass es gerade die Erwachsenen und die Schule sind, die diese Kräfte in ihrer ständigen Suche nach der Kontrolle über das Kind zurückhalten und zerstören. Wenn es uns gelänge, diese Kräfte in den Mittelpunkt der Bildungsarbeit zu stellen, wie es die Montessori-Schule tut, hätten wir die meisten der Probleme gelöst, über die wir diskutieren.

Um zu verstehen, welche Art von Funktionen in einer künftigen Umgebung verwendet werden kann, versuche ich an einem kleinen Bereich der Zukunft aufzulisten, was ich in meinen CSCS-Kollegen sehe und was wir bei Leuten suchen, die hierher kommen und arbeiten wollen. Ich gebe zu, dass es sich um eine eher kleine und besondere Stichprobe handelt, aber es kann ein Einblick in jene Fähigkeiten sein, die Schule und Bildung bieten sollten. Zuallererst bin ich nicht von Genies oder verrückten Mathematikern umgeben, sondern von normalen Menschen aus verschiedenen Kulturen – wir kommen aus mehr als fünfzehn verschiedenen Nationen – das bedeutet:

1. Sie wollen immer lernen und geben nicht vor, alles schon zu wissen (unter anderem arbeiten wir mit Wissenschaftlern zusammen, die die unterschiedlichsten Wissensgebiete repräsentieren und es ist undenkbar, überall Experte zu sein).
2. Sie wissen, wo und wie sie die Informationen finden, die sie brauchen.
3. Sie können komplexe Architekturen geistig steuern.
4. Sie wissen, dass Programme nicht nur mit den richtigen Tools geschrieben werden, sondern sie können sich zuerst im eigenen Kopf die Software vorstellen, die sie erstellen werden.
5. Sie stellen Fragen (Problemstellung, Problemdefinition, Problemlösung, vor allem bei Problemen, bei denen die Lösung erst nach einer Erkundung entdeckt wird, wie es oft im Supercomputing der Fall ist).
6. Sie hören nicht bei der ersten Antwort auf, wenn Sie ein Problem lösen wollen (mit roher Gewalt kann man fast alle Schwierigkeiten überwinden, aber die Ressourcen sind begrenzt).
7. Sie interagieren, kooperieren und tragen zu den Nutzerteams bei, mit denen sie zusammenarbeiten.

Andy Hunt, ebenfalls ein Softwareentwickler, reduziert in einem seiner Bücher (1) sogar die notwendigen Fähigkeiten auf zwei: Kommunikationsfähigkeit und die Fähigkeit zu lernen und zu denken.

Es ist bemerkenswert, dass die wichtigen Fähigkeiten, zumindest in der Computerwelt, zu oft diejenigen sind, die wir als Erzieher oder als Eltern ignorieren. Zum Beispiel wird das, was wir in der Arbeit Kollaboration und Sharing nennen, in der Schule als „Abschreiben und Vorsagen“ stigmatisiert.

Um mich nicht auf meine berufliche Sphäre zu beschränken, ging ich zum europäischen Projekt DIGCOMP (2), das einen konzeptionellen Rahmen entwickelte, um digitale Kompetenzen in Europa zu verstehen und weiterzuentwickeln, umfassendere Fähigkeiten als ein generelles Wissen über Technologien.

Das Projekt identifizierte fünf kritische Bereiche:

1. **Information:** Wissen, wie man digitale Informationen identifiziert, lokalisiert, abruft, speichert, organisiert und analysiert und deren Wichtigkeit und Zweck beurteilt.

2. **Kommunikation:** Wissen, wie man in digitalen Umgebungen kommuniziert, Ressourcen über Online-Tools teilt, sich mit anderen verbindet und mit digitalen Medien zusammenarbeitet, interagiert und in Gemeinschaften und Netzwerken mit interkultureller Sensibilität teilnimmt.
3. **Erstellung von Inhalten:** Wissen, wie man neue Inhalte erstellt und verändert (von Textverarbeitung über Bilder zu Videos); bisherige Kenntnisse und Inhalte integrieren und überarbeiten; kreative Ausdrücke produzieren, Medien und Programmierung; Verarbeitung und Durchsetzung von Rechten an geistigem Eigentum und Lizenzen.
4. **Sicherheit:** Die Methoden für den persönlichen Schutz, den Datenschutz, den Schutz der digitalen Identität, Sicherheitsmaßnahmen für die sichere und nachhaltige Nutzung von Technologien kennen.
5. **Problem solving:** Bedürfnisse identifizieren; fundierte Entscheidungen treffen über die am besten für das Ziel oder den Bedarf geeigneten digitalen Tools, konzeptionelle Probleme mit digitalen Mitteln lösen; Technologien kreativ nutzen; technische Probleme lösen, eigene und fremde Kompetenzen aktualisieren.

Ich zog eine andere Studie über dasselbe Thema hinzu: The Learning Curve (3), die von Pearson im Rahmen eines umfangreichen Analyseprogramms veröffentlicht wurde, um besser zu verstehen, was die Schule leisten sollte.

Kurz gesagt, der Bericht betrachtet die folgenden Fähigkeiten als grundlegend:

1. Leadership.
2. Digital Literacy.
3. Kommunikation.
4. Emotionale Intelligenz.
5. Unternehmergeist.
6. Weltbürgerschaft.
7. *Problem solving.*
8. Teamarbeit.

Im Gegensatz zum DIGCOMP-Projekt unterscheidet diese Zusammenstellung die digitale Kompetenz von der Problemlösung und fügt Führungsqualitäten und unternehmerische Fähigkeiten hinzu. Viel wichtiger jedoch als diese Liste ist, was die Studie in den Schlussfolgerungen verdeutlicht:

In den letzten Jahren wurde immer deutlicher, dass einfaches Lesen, Schreiben und Rechnen nicht ausreichen. Die **nicht-kognitiven Fähigkeiten** des 21. Jahrhunderts – allgemein gesagt wichtige Fähigkeiten für soziale Interaktion – sind von herausragender Bedeutung.

Sicherzustellen, dass Menschen zu Beginn ihrer Kindheit die richtigen Fähigkeiten vermittelt werden, ist viel effektiver als der Versuch, die Fähigkeiten im Erwachsenenalter zu verbessern für diejenigen, die aus dem Schulsystem herausgefallen sind. Es gibt kaum Hinweise darauf, dass Technologie allein den Menschen hilft, neue Fähigkeiten zu entwickeln.

Auch die jüngste Version des Berichts (4), die sich auf das Lernen bei Erwachsenen konzentriert, bekräftigt dies:

Ohne die Grundlagen ist wenig möglich. Eine starke Grundbildung stellt eine Voraussetzung für effektives Lernen im Erwachsenenalter dar. **Frühkindliche Bildungssysteme, die den Kindern das Lernen beibringen**, bereiten sie auf ein effektiveres Lernen während ihres ganzen Lebens vor – zum Teil durch das Einbringen des Lernwillens. In entwickelten Ländern und in den Entwicklungsländern ist der beste Weg zu einer guten Erwachsenenbildung die Investition in eine gute Grundbildung.

Technologie ist nützlich bei der Förderung von Erwachsenenbildung, aber sie ist kein Allheilmittel. Die Mobiltechnologie und das Internet sind in der Lage, bestimmte Hindernisse für die Qualifizierung von Erwachsenen zu beseitigen, insbesondere in Entwicklungsländern. Diese und andere Technologien erleichtern den Zugang der Menschen zu Ausbildung, **aber es gibt wenig Beweise dafür, dass ihre Verwendung den Menschen hilft, Fähigkeiten zu entwickeln.**

Kurz gesagt, das Lehren des Lernens schon in den frühen Jahren ist wichtiger als die Einführung der Technologie. Später, zur richtigen Zeit, ist es für Bret Victor wichtig, die Kinder dazu zu bringen, unabhängig von einer sich ständig verändernden Technologie zu denken:

„Claude Shannon formulierte die Informationstheorie im Jahr 1948. Der Telegraph wurde noch verwendet, obwohl das analoge Telefonnetz die dominierende Kommunikationstechnologie war und Radio und Fernsehen etablierte Medien waren. Die Informationstheorie war nicht nur die Grundlage jeder dieser Technologien, sondern sie ermöglichte alle Kommunikationstechnologien, die später kamen, einschließlich allem, was digital ist, allem was drahtlos ist und allem, was wir

heute in unserer Welt haben.
Alle in den alten Telefonanlagen verwendeten Technologien – elektronische Fernkabel, analoge Repeater, Schaltzentralen und alle anderen brillanten Produkte menschlicher Genialität – spielen keine Rolle mehr. Stattdessen ist die Informationstheorie immer noch relevant und wird es auch bleiben, denn sie ist eine mächtige, generelle, technologieunabhängige Denkweise.
Heute, in diesem Moment können wir nicht sehen, was die wichtigste Technologie in hundert Jahren sein wird. Wir können es absolut nicht sehen. Aber was auch immer es ist, die Leute werden darüber nachdenken müssen. *Und heute, in diesem Moment können wir kraftvolle Denkweisen für diese Menschen vorbereiten.*" (5)

Wir werden nicht in der Lage sein vorauszusagen, was die wichtigste Technologie in naher Zukunft sein wird, aber was auch immer sie ist, sie wird von unseren Kindern erschaffen und wir können ihnen helfen – heute – indem wir sie zum Nachdenken bringen.

Bevor wir darüber entscheiden, was wir den Kindern für die Herausforderungen der Zukunft geben sollen, müssen wir als Pädagogen feststellen, was wir wollen, zumindest was die Technologie betrifft.

Wir müssen eine Auswahl treffen um festzustellen, ob wir

1. am Aufwachsen von *crush-buttons* (AÜ: Knöpfchendrücker) interessiert sind, die Technologie verwenden, ohne sie zu kennen,

oder

2. an Personen, die auch auf technologischem Gebiet vernünftig selbst wählen können.

Leider scheint das italienische Beispiel in die erste Richtung zu gehen, da, wie die Samsung-Umfrage „Tech Habits 2016“ ergab, dass

„88% der Italiener Begriffe im Zusammenhang mit Technologie verwenden, obwohl sie keine Ahnung davon haben, worüber sie sprechen" (6).

Zusammenfassung

1. Wir konzentrieren uns eher auf Prinzipien als auf Technologien, auf nicht-kognitive Fähigkeiten mehr als auf das, was wir für die Arbeit in der Zukunft für notwendig halten.

2. Besser als nur als zu versuchen, die Zukunft vorauszusagen wäre es eine ganzheitliche Person vorzubereiten, keinen crush-button.
3. Kinder haben bereits die notwendigen Fähigkeiten, um sich der Zukunft zu stellen. Wir bremsen sie nicht in der Schule. Vor allem verschwenden wir nicht die Trainingszeit, die wir zur Verfügung haben. Ein ähnlicher Zeitraum wird nie wieder auftreten.
4. In den ersten Jahren ist eine kinderfreundliche Erziehung, die das Denken und Lernen lehrt, wichtiger als das Einbringen einer großen Menge von Vorstellungen und operativem Wissen. Wir wissen: Kinder sind keine leeren Vasen, die gefüllt werden müssen, oder auch keine *tabula rasa*, die beschrieben werden muss.

9. Wie sollte die Schule reagieren?

Welche Rolle spielt die Schule bei der Vorbereitung auf die Zukunft? Wir beseitigen sofort die anhaltende Konfusion zwischen **Bildung** und **Abrichtung**. In den Grundbildungsjahren des Kindes ist und soll die Schule, was auch immer ihr didaktisches Programm ist, kein Teil eines professionellen Start-ups werden, in dem der Schüler für die Nutzung bestimmter technologischer Werkzeuge ausgebildet wird. Die Schule, die wir als Bildungsinstitution ansehen, ist in erster Linie Ort für eine Entwicklung des Individuums der Zukunft, wie es schwarz auf weiß alle Montessori-Einrichtungen auf der ganzen Welt bestätigen:

„Das primäre Ziel der Montessori-Pädagogik ist es, in allen Lebensbereichen dem Kind in seinem Interesse zu helfen, sein volles Potenzial zu entfalten." (1)

Eine hinreichende Aussage, die uns bei der Entscheidung über die Einführung von Technologie in den frühen Schuljahren leiten wird.

Wenn eine Aktivität oder ein technologisches Gerät der Entwicklung des Kindes dient, ist es gut; sonst ist es nutzlos. Aber die Vision von Maria Montessori ist viel umfangreicher, denn sie spricht nicht nur von der Entwicklung des Kindes, sondern zusätzlich vom (Wieder-) Aufbau der Welt:

„Wenn wir wirklich auf den Wiederaufbau zielen wollen, muss die Entwicklung des menschlichen Potentials das Ziel der Bildung sein".

Maria Montessori, La mente del bambino, p. 2

Wenn dies der Fall ist, sollte sich die Schule nicht darauf beschränken, lesen, schreiben und rechnen zu lehren, um „die Grundlagen" zu geben:

„Wenn wir meinen, die Schule müsse dem Kind, dem Jugendlichen, in quantitativer Hinsicht „die Grundlagen" liefern, versetzten wir es, wie Augustinus beschreibt, in den Zustand des Kindes, das versucht, den Ozean mit einem Eimer zu leeren. Dasselbe gilt für unsere Schule, die dem Kind ein wenig Rechnen, ein bisschen Geographie, ein bisschen Geschichte gibt. Er gibt ihm einige Eimer von diesem Ozean, aber diese sind heute keine „Grundlagen" mehr. Heute müssen die Grundlagen nicht mehr quantitativ sein, sie müssen qualitativ sein, das heißt, wir dürfen

den Kindern nicht den Ozean im Eimer liefern. Wir können ihnen jedoch beibringen, im Ozean zu schwimmen und dann so weit zu gehen, wie sie ihre Stärke führen wird. Dann erfinden sie ein Boot und segeln mit dem kleinen Boot, Dann navigieren sie das große Schiff ... "

Gianni Rodari, Scuola di Fantasia, p. 42

Die körperliche und geistige Entwicklung des Kindes und das Lernen finden nicht in einem Vakuum statt. Immer geschieht sie zwischen Individuen mit Fleisch und Blut in einer menschlichen Gemeinschaft, zuerst repräsentiert durch die Familie und dann durch die Schule. Montessori ergänzt diese Vision der kognitiven Entwicklung durch die Bedeutung der Umwelt: Die Schule ist für sie nicht nur ein Ort für das Lernen, sondern ein Bereich, in dem die Interaktion mit Kameraden unterschiedlichen Alters und das Ambiente des Raumes selbst die autonome Entwicklung des Kindes ermöglichen.

Aus all diesen Gründen

„muss die Schule die technologische Innovation ebenso nutzen wie die kontinuierliche, unerschöpfliche, kreative Konfrontation sowohl zwischen den Schülern, den Lehrern als auch zwischen den Lehrern und den Schülern" (2).

Selbst die innovativsten Unterrichtsideen, die sich heute durchsetzen, wie der *flipped classroom* (3), unterstreichen dies im Grunde: Die Schule ist der Ort, an dem man mit dem Lehrer und den Klassenkameraden interagiert, während das Studium zu Hause stattfindet und dabei YouTube, Wikipedia und mehr nutzt.

Wir finden Unterstützung für diese Ideen aus einer unerwarteten Quelle: Steve Jobs.

In einem Interview im April 1995 wurde er gefragt:

„Manche Leute sagen, dass diese neuen Technologien eine Möglichkeit sein können, diese [Schulprobleme] zu umgehen. Sind Sie optimistisch?"

Jobs antwortete:

„Ich glaube es überhaupt nicht. Wie Sie bereits gesagt haben, habe ich mit mehr Computern in mehr Schulen geholfen als irgendjemand sonst auf der Welt und ich bin absolut überzeugt, dass es nicht das Wichtigste ist. Es ist der Mensch, der die

Neugier weckt und lebendig hält, und Maschinen können es nicht so machen wie Menschen es können“. (4)

Eine Gemeinschaft zu schaffen, Neugier zu wecken, Leidenschaft für Wissen und Ausbildung zu entwickeln, sollte das Ziel jeder Schule sein. Jetzt, wo wir uns auf die Technologie beschränken, welche Ansätze kommen vor in den verschiedenen Arten von Schulen? Allgemein können wir sie in drei Kategorien einteilen:

1. **Visuelle Navigation.** Schulen, die Technologieanbietern vertrauen oder erliegen.
2. **Philosophische Ablehnung**. Schulen, die Technologie aus philosophischen und nicht aus pädagogischen Gründen ablehnen.
3. **Reihenfolge in den Prioritäten.** Schulen, die Technologie im Hinblick auf ein umfassenderes Ziel bewerten.

Wie ich bereits in der Einleitung erwähnt habe, werden wir nicht die Rolle von Technologie in benachteiligten sozioökonomischen Bereichen untersuchen. In diesen Bereichen kann Technologie in der Schule ein wichtiges Instrument für die soziale Befreiung und als Lernhilfe sein, da Kinder und Jugendliche in diesem Umfeld höchstwahrscheinlich nicht mit der Technologie in Berührung kommen, wenn sie nicht in der Schule ist. Wir werden auch nicht über solche Schulen sprechen, wo Technologie eine sehr wichtige Rolle spielt und wo leider die Tatsache, dass zusammenhangloser Unterricht erteilt wird, ein viel drängenderes Problem ist. Dies kann Technologie allein nicht lösen.

9.1. Visuelle Navigation

In Schulen, wo das ehrgeizige Ziel darin besteht, digitale Klassen zu schaffen, mit interaktiven Whiteboards, Tablets und Einrichtungsgegenständen, die mit der neuen Umgebung übereinstimmen, scheint die Einführung dieser Technologien auf Dauer vergebens zu sein:

Es ist immer zu spät.

Die unglaubliche Geschwindigkeit, mit der sich digitale Technologien verändern, schafft ein kontinuierliches Bedürfnis nach Erneuerung und Anpassung in Bezug auf Strukturen und Programme, die es schwierig machen, angesichts erwünschter wirtschaftlicher Einsparungen auf dem neuesten Stand zu bleiben. Dieses Problem ist zweitrangig im Vergleich zu den Vorteilen, die eine digitale Schule mit sich bringen sollte. Aber es ist bedauerlich, dass die Ergebnisse oft den Erwartungen widersprechen. So weisen einige aufgeklärte Schulverwaltungen in Amerika auf zu viele Schulen hin, die im „spray and pray"-Modus agieren, sprühe und bete:

Sie sprühen ein wenig Technik und beten, dass es das Lernen verbessert. Dieser Mangel an Vision, dieses Denken, dass Technologie allein Bildungsprobleme lösen kann, hat die Technologie in einen ineffektiven „Tausend-Dollar-Bleistift" verwandelt. (5)

Nicholas Carr verdeutlicht, dass

„die Schule lehren sollte, neue Technologien mit Bedacht zu verwenden (...). Aber sich darauf zu beschränken, die Räume mit elektronischen Systemen zu füllen, ist kurzsichtig" (6).

Selbst wenn man kein starkes Bildungsprojekt hat, wenn es nicht klar ist, was die Schüler brauchen, um das Lernen effektiv zu gestalten, verlässt man sich oft auf „Experten". Diese sind sicherlich Experten darin, sich um ihre eigenen Interessen kümmern, mehr als um die Entwicklung von Kindern.

Bezeichnend dafür ist der Fall des Schulbezirks von Los Angeles, der von Apple und Pearson eine Multimillionen-Dollar-Entschädigung verlangte. Die Unternehmen hatten Tausende von Tablets und „pädagogische" Software für ein schulisches Curriculum bereitgestellt, das sich als voller Probleme und im Wesentlichen nutzlos erwiesen hat. (7)

9.2. Philosophische Ablehnung

Waldorf-Steiner-Schulen sind gegen die Nutzung von Fernsehen, Computern und anderen technischen Hilfsmitteln durch Kinder. Diejenigen, die diesen Ansatz befürworten, glauben, dass der Computer kreatives Denken, Bewegung, menschliche Interaktion und die Fähigkeit zu Aufmerksamkeit beeinträchtigt. Bevor diese pädagogischen Motivationen in jeder Hinsicht geteilt werden können, sind jedoch die philosophischen Motivationen von Rudolf Steiner zu betrachten, der ein Philosoph und ein Esoteriker war.

Meiner Meinung nach ist eine philosophische Motivation jedoch im Vergleich zu einer wissenschaftlichen Argumentation eher fragil und Maria Montessori unterstützt diese Kritik:

„Da dies keine Meinung ist, kann es kein Philosoph, kein Denker oder Laborwissenschaftler sein, der diese oder jene Methode der Erziehung diktiert oder vorschlägt.
Nur die Natur, die bestimmte Gesetze aufgestellt und bestimmte Bedürfnisse im sich entwickelnden Menschen bestimmt hat, kann letztlich die bestimmte Erziehungsmethode vorschreiben, nämlich die Bedürfnisse und die Gesetze des Lebens zu befriedigen.“ (8)

Es ist dann nicht konstruktiv, die Technik jedes Scheiterns zu beschuldigen, denn dann sollte auch die Technik des Rotationsdrucks angeklagt werden, die einen Niedergang jener Werkstätten bewirkt hat, in denen durch direkte Erfahrung vom Meister gelernt wurde. Dasselbe gilt für alle Technologien, die in diesen Schulen für kreative Tätigkeiten verwendet werden: Stricknadeln, Scheren, Farben. Kurz gesagt, ich glaube, dass eine a priori-Verweigerung zu nichts führt.

Die Debatte über die Rolle der Technologie in der Bildung und in dieser Bildungsphilosophie im Besonderen entwickelte sich so hitzig anlässlich eines Artikels über die *Waldorf School of the Peninsula* in Los Altos, Kalifornien (9), die Kinder der *Elite* der Computerindustrie aufgenommen hatte. In den Kommentaren zu dem Artikel gab es solche, die diese Eltern als Heuchler brandmarkten und andere, die ihre Vision lobten. Sie stimmen jedoch alle darin überein, dass in der Schule etwas anderes benötigt wird, um Kinder auszubilden und sich entwickeln zu lassen.

Abgesehen von der Debatte, die in diesem konkreten Fall diskutiert wird, wäre es interessant, die Auswirkungen eines generellen Verbots von Technologie in der Schule und außerhalb davon zu untersuchen.

Hier und in anderen Bereichen kann man gesetzten Grenzen nicht trauen. Ich denke, die freie Wahl von anderen Aktivitäten oder das Angebot interessanter Anwendungen der Technologie mitsamt der Möglichkeit, deren Nutzbarkeit zu verstehen, stellen ein besseres Bildungsangebot dar.

Ich denke auch, dass ein unwiderrufliches Verbot ernsthafte Auswirkungen auf die soziale Dimension des Jugendlichen haben kann, da zum

Beispiel der Nichtbesitz bestimmter Geräte Zugehörigkeitsprobleme in den sozialen Gruppen schaffen kann, denen man angehört.

9.3. Reihenfolge in den Prioritäten

Schulen mit einem starken Bildungsverständnis setzen die Technologie in die zutreffende Perspektive. So begrüßen sie die Innovation nur dann, wenn sie sich mit dem ultimativen Ziel der Bildung, dem Wissen über die Entwicklung von Kindern und das Wachstum der Gesamtpersönlichkeit als vereinbar erwiesen ist. Die Montessori-Schulen sind vollständig in diese Kategorie integriert.

Die Montessori-Pädagogik ist keine Philosophie wie die Anthroposophie Rudolf Steiners. Es ist die Kenntnis des menschlichen Geistes, der, während er die Kreativität fördert, das Kind „mit den Füßen auf der Erde" halten will, und auf der Erde gibt es auch Technologie. Diese Werkzeuge sind Teil des täglichen Lebens und die Schule kann sie nicht ignorieren. Es handelt sich also nicht um ein Verbot, sondern um eine Positionierung der Technologie in der richtigen Prioritätsstufe. Sie gibt den Schülern einen Leitfaden für den Erwerb von Klugheit (und Umsicht) bei ihrer Verwendung. Damit es klar ist: Klugheit (und Umsicht), nicht Schnelligkeit.

Die Futurologin Ayelet Baron fügt hinzu:

„Ich will in einer Welt leben, wo wir aufhören, Kinder zu fragen, was sie machen wollen wenn sie erwachsen sind. Stattdessen müssen wir ihnen die Werkzeuge und die Fähigkeit zur Innovation für jeden Weg mitgeben, den sie gehen wollen und sie die Wichtigkeit der Gestaltung ihres Lebens zu lehren – wozu auch die Arbeit gehört – und nicht nur zu leben." (10)

Dies sollte das Ziel jeder Art von Schule sein und das ist es, wonach eine Montessori-Schule trachtet.

Zusammenfassung

1. Lassen Sie uns zunächst den Unterschied zwischen einer bildenden und einer abrichtenden Schule verdeutlichen.

2. Wir lernen, die kreative Begegnung und den Austausch zwischen den Kindern und Jugendlichen sowie zwischen ihnen und der Lehrkraft zu fördern.
3. Geben wir die Vorstellung auf, dass allein Technologie alle schulischen Probleme löst, besonders wenn sie im frühen Alter mit Kindern angewendet wird.
4. Die Montessori-Pädagogik beinhaltet das Wissen über den menschlichen Geist, also verbietet sie nicht die Technologie, sondern stellt sie in die richtige Prioritätenskala.
5. Wir geben unseren zukünftigen Erwachsenen die Werkzeuge mit und die Fähigkeit, in jede gewünschte Richtung zu innovieren.

10. Die Ängste der Erwachsenen

Die Angst vor der Einführung neuer Technologien ist so alt wie die Welt. Das bekannteste und älteste Beispiel findet sich im Phaidros von Plato, wo Sokrates dem jungen Phaidros den Mythos vom Schreiben erzählt:

„Der Gott Theuth, der König Thamus einige seiner Erfindungen präsentiert, schlägt auch die Kunst des Schreibens vor. die Erfindung trifft nicht die Begeisterung des Königs; er wendet gegen diese Kunst ein: ›Sie wird die Wirkung haben, Vergessen in den Seelen von denjenigen zu erzeugen, die sie lernen. Der Schrift vertrauend, werden sie sich daran gewöhnen, sich von außen an fremde Zeichen zu erinnern, und nicht von innen und aus sich selbst heraus‹."

Gewiss, die Erinnerung ist verloren gegangen, aber die Kultur wurde errungen. Eigentlich sollten wir bedenken, dass wir bei der Einführung einer neuen Technologie etwas verlieren. Aber normalerweise gewinnen wir etwas anderes oder es ändert sich wahrscheinlich alles. Zum Beispiel verlieren Sie sicherlich mit dem GPS-Navigationsgerät die globale Vision der Umgebung, die uns eine topographische Karte bietet, aber Sie gewinnen an Präzision und Geschwindigkeit, um an Ihr Ziel zu kommen. Oder will man etwas Spaß haben, können wir sagen, dass mit dem Handy die Möglichkeit verloren geht, jemandem „den Hörer ins Gesicht zu schlagen" („sbattere la cornetta in faccia") bei einer Telefonbelästigung, aber Sie erhalten dafür die Möglichkeit, jemanden beleidigen zu können, wo auch immer Sie sind.

Sehr ähnlich ist **die Angst vor dem Neuen**, getarnt als Sehnsucht nach der Vergangenheit: mit der (Beerdigungs-)Formel „Früher, zu meiner Zeit ...". Wer die Vergangenheit verherrlicht, tendiert indes dazu, die hässlichen und unangenehmen Dinge zu vergessen, die heute vergangen sind.

Aber es wird noch schlimmer.

Marc Prensky ist überzeugt, dass zu viele Lehrer Bildung als Vorbereitung der Kinder auf die Vergangenheit und nicht auf die Zukunft praktizieren und spricht von *„backup education"*, einer „Verlegenheitsbildung", die sich verschanzt hinter Aussagen wie „Die Arbeit mit dem Atlas ist möglich, auch wenn es keinen Strom gibt. Es ist nicht wie beim GPS-Navi"(1). Abgesehen von der Tatsache, dass wir andere Probleme hätten als einen Atlas zu konsultieren, wenn der Strom nicht ständig verfügbar wäre, bedeutet eine solche Einstellung seitens der Eltern und Lehrer: **Ich traue der Zukunft nicht, für die ich dich vorbereite.** – Schrecklich.

Die Angst, dass neue Technologien die Schule zu leicht machen. So verbieten sie den größeren Schülern die Verwendung von Wikipedia für die Forschung, damit „sie nicht kopieren". Natürlich ist es ein Problem, wenn man sich auf Bücherwissen verlassen muss, an Begriffen kleben zu bleiben. Oder wenn man in höheren Schulen den Zugang zu MathWorld verhindert (2) (wo alle mathematischen Formeln gefunden werden), ohne dabei zu bedenken, dass die Formeln nutzlos sind, wenn die Schüler nicht wissen, wie man sie benutzt. Aber wer sagt eigentlich, dass die Schule notwendigerweise „schwierig" sein muss?

Die Angst, das sie spielen anstatt zu lernen. Was sagst du zu den vielen Managern, die elektronische Spiele trainieren und danach bewertet werden? Wenn sie es tun, muss es einen Grund geben. Gründe haben auch Chirurgen – man nennt sie „Nintendo Chirurgen" – die eine signifikante Steigerung der Geschwindigkeit und eine signifikante Reduktion von Fehlern zeigen, wenn sie ein paar Stunden pro Woche ein Action-Videospiel spielen (3). Vielleicht ist es so, dass Erwachsene „zumachen", wenn sie das Wort „Spiel" im Zusammenhang mit „Lernen" hören.

Die Angst, Zeit zu verschwenden. Im Gegensatz zu unseren Vorurteilen nehmen viele junge Menschen den Einsatz einiger Technologien als wichtige Beschäftigung, als Arbeit, wahr. Wir denken zum Beispiel, sie aktualisieren ihr Profil auf Facebook ständig. Die Jugendlichen sehen nicht in erster Linie die Kosten. Sie entscheiden sich eher, diese Technologie intelligent einzusetzen, statt auf sie zu verzichten. Lassen wir sie experimentieren.

Die Angst vor dem Überholen. Lasst Frieden in unsere Seele einziehen; wir werden niemals besser sein als unsere *digital natives.* Indessen sollten wir nicht vergessen, dass wir zusammenarbeiten können. Jeder trägt dazu mit dem bei, worin er gut ist: Sie mit der Geläufigkeit in der Technologie, wir mit einem weiten Blick auf das „warum", auf die Auswirkungen der Technologie.

Die Angst, dass junge Menschen in einer virtuellen Welt verloren gehen, die der realen Welt gegenübersteht. Erstens ist es nicht sicher, dass echte Begegnungen weniger scheinheilig sind als virtuelle. Zweitens führt der Mangel an physischer Präsenz zu weniger Vorurteilen und zu der Freiheit, mit verschiedenen Identitäten experimentieren zu können. Last but not least befürchten wir das Entstehen einer Situation, die zu der pathologischen Weigerung führen kann, das Haus zu verlassen. Doch diese lösen wir Eltern selbst aus mit dem Druck, den wir auf die schulischen Ergebnisse der Kinder ausüben und mit „Vorschlägen" von außerschulischen Aktivitäten, die ihnen keinen Raum lassen für ein autonomes Handeln.

Schließlich **die Angst, betrogen zu werden.** Sind wir sicher, dass wir unsere jungen Leute gut kennen? Abgesehen von den pathologischen Fällen haben diese einen tiefen Respekt vor der *Online*-Autorität und sind nicht so leichtgläubig, wie wir glauben. Seht nur, wie sie nicht im Netz der ersten, nutzlosen *smartwatch* (4) verfallen. Leiten wir sie, aber vertrauen wir ihnen gleichzeitig. Am Ende vertraute Montessori dem Kind mehr als dem Erwachsenen. Wenn die Jugendlichen gelernt haben, sich in einer nicht wertenden und nicht die Konkurrenz fördernden Schule wie der Montessori-Schule mit anderen zu identifizieren, werden sie gut gerüstet sein, um sich der Komplexität eines sozialen Netzwerks zu stellen.

Natürlich sollen all diese Probleme nicht minimiert werden. Aber ich denke, dass das Wissen davon und der Umgang mit ihnen uns helfen können, den ganzen Horizont der Technologien in der Schule und außerhalb gelassener zu betrachten und ausgewogene Entscheidungen zu treffen. Weil die Angst unseren Blick beschränkt auf das, was wir wissen, verhindert sie neue und anregendere Beschäftigungsmöglichkeiten. Sie führt als Reaktion zu oft ungerechtfertigten Verboten, die unsere jungen Leute nicht wachsen und sich entwickeln lassen.

Legitime, aber ignorierte Ängste

Zusätzlich zu den unbegründeten Befürchtungen, die wir aufgelistet haben, gibt es Probleme, verursacht durch neue Technologien, die wir tendenziell ignorieren oder unterschätzen.

Ich spreche nicht über die Probleme der Privatsphäre und der Ausforschung oder über die Arbeitsplätze, die durch Maschinen ersetzt werden. Das sind Probleme, auf die wir wenig Einfluss haben. Ich spreche von subtilen und heimtückischen Veränderungen, welche die Art und Weise beeinflussen, wie wir Wissen erwerben und mit anderen interagieren. Was wir als Pädagogen tun können, ist, die kritischen Köpfe der zukünftigen Erwachsenen zu stärken und ihr Bewusstsein für diese zweideutigen Seiten der Technologie zu schärfen.

Beginnen wir mit dem Internet, dem immensen Meer an Informationen und Verbindungen zwischen den Wissensgebieten. Tim Berners-Lee, der es erfand, hatte immer eine sehr klare Vorstellung davon, was sein Wesen sein sollte:

„Ich hatte einen Traum vom Web … und es ist ein Traum, der in zwei Teile geteilt ist. Das Web wird zu einem auf lange Sicht sehr mächtigem Mittel, die Zusammenarbeit zwischen den Völkern zu fördern. Ich habe mir den Informationsraum immer als etwas vorgestellt, zu dem jeder sofort und intuitiv Zugang hat, nicht nur zum Navigieren, sondern auch zum kreativen Schaffen.(…) Darüber hinaus muss der Traum von direkter Kommunikation durch geteiltes Wissen für Gruppen jeder Größe möglich sein, Gruppen, die elektronisch mit der gleichen Leichtigkeit interagieren können wie auch persönlich“. (5)

Die erste technologische Angst ist diese: Dass ein solches Instrument transformiert wird, ohne dass unsere jungen Leute und wir selbst es als einen Feind erkennen, der sich von einem Instrument des Wissens und der Partnerschaft zu einem riesigen, zwischen Mauern und Zäunen eingeschlossenen Geschäft entwickelt.

Für Mike Elgan ist diese Transformation bereits geschehen.

„Das Internet, das Sie sehen, wurde kürzlich neugestaltet, um zu bauchpinseln, zu begünstigen und zu entwerten – nicht um zu provozieren, aufzuklären und zu instruieren“. (6)

Was für ein Verlust!

Stellen wir uns so weit wie möglich dieser Bewegung entgegen, zumindest indem wir erkennen, dass sie existiert.

Eine solche virtuelle Welt, die uns schmeichelt und Konsumenten braucht, kreiert nach und nach um uns herum einen Bildschirm, der filtert und einengt, einen *filter bubble*, wie von Eli Pariser (7) definiert. Er bringt uns nichts weiter als Nachrichten und Informationen, die wir fraglos nachvollziehen und Produkte, die wir wahrscheinlich konsumieren.

Leider ist es heute so, – warnt der Web-Wissenschaftler Jesse Hirsh – dass

„niemand online geht, um jemanden zu finden, der mit ihm nicht übereinstimmt, niemand geht online, um jemanden zu finden, der seine Vision der Welt zerstören könnte. Wir sind nicht weniger informiert, aber wir sind nicht mehr Teil der Gesellschaft, wir sind Teil unseres Stammes. Wir sind Teil der Gruppe von Menschen, die wie wir denken, sich wie wir kleiden, sich wie wir verhalten" (8).

Dies war nicht der Gedanke Maria Montessoris in Bezug auf Technologien, den wir im bereits zitierten Vorwort zu ihrem Text „Einführung über die Verwendung mechanischer Hilfsmittel" kennengelernt haben.

Denken Sie daran:

„Montessori war fasziniert von der Technologie ihrer Zeit. Sie sah darin die Möglichkeit, unsere Welt zu vereinen und ein Mittel, durch das eine vernetzte Weltgesellschaft andere unterstützen und so die Menschheit voranbringen könnte."

Suchmaschinen wie Google oder Bing tragen ihren Teil zur Verarmung von Wissen bei, weil sie so programmiert sind, dass wir nur das finden, was wir finden wollen. Ein Jugendlicher, der Techno-Musik hört, wird zum Beispiel wahrscheinlich nicht auf eine kuriose Neuigkeit über Max Gazzè stoßen oder ein anderes musikalisches Genre entdecken, das er möglicherweise mag.

Die offensichtliche Konsequenz ist, dass ein wichtiger Aspekt der menschlichen Kreativität im Keim abgetötet wird: die Serendipität *(serendipity)*, definiert als

„nach etwas suchen, etwas anderes finden und erkennen, dass das, was Sie gefunden haben, besser zu Ihren Bedürfnissen passt als Sie bei Ihrer Suche dachten" (9).

Das klassische Beispiel ist es, Bücher in einem Buchladen zu durchsuchen und unerwartet gerade einen Text zu finden, den wir brauchen, oder im Internet zu surfen und auf eine Seite oder ein interessantes Foto zu stoßen, das wir nie bewusst gesucht hätten. Wenn wir *„von Gleichgesinnten umgeben* *sind, die sich wie wir kleiden und sich verhalten*“, können diese überraschenden Entdeckungen nicht passieren.

Wir müssen stattdessen für die Kinder die Fähigkeit wiederherstellen, ohne einen bestimmten Zweck zu forschen und unerwartete Entdeckungen bestaunen zu können. Das erfordert natürlich Disziplin. Ich mache den Unterschied zwischen Suchen und Forschen klar, denn sonst riskieren wir, ohne Geist und ohne Ziel zu wandern.

Eine letzte, begründete Befürchtung ist, dass die technologischen Systeme die Möglichkeit von Fehlern beinhalten. Nicht die Angst davor, etwas zu löschen oder den Computer zu ruinieren, Fehler, für die es gültige Sicherheitsnetze gibt. Sondern die Angst, dass eine Jugendsünde für die Ewigkeit registriert bleibt, etwas, für das es keine technologische Lösung gibt.

„Es ist notwendig, dass das Netz und die Technologie den Menschen Raum für Fehler lassen. Selbst wenn Netz und Technologie die verantwortlichen Personen identifizieren, die wirklich Schaden angerichtet haben, müssen sie auch einen gewissen Spielraum für Anonymität und Vergessen schaffen, damit die Jüngsten – und vielleicht sogar die Älteren – die Möglichkeit erhalten, sich zu entwickeln und zu verändern.“ (10)

Diese Fehlerspanne ist sehr begrenzt (11), daher müssen wir die jüngeren Generationen aufklären, diese Risiken zu berücksichtigen und abzuwägen. Risiken, durch die sich nicht zukünftige Fehler ausschließen lassen, sondern durch die Jugendliche sogar eine wichtige Seite des Lebens verpassen können, denn:

„Ein Teil des Zaubers der Jugend ist, dass Menschen vergeben und vergessen können.“ (12)

Wenn wir uns dieser Grenzen der Technologie nicht bewusst werden, kann dies einen anderen wunderbaren Weg nicht zum Reifen und zur Entwicklung bringen: Lernen durch Versuch und Irrtum.

Im Sinne der Technologie müssen unsere Kinder lernen und wir sie lehren, „gute“ Fehler zu machen, die uns dazu bringen, etwas Neues zu lernen. Zum Beispiel kann in einem Simulationsprogramm ein Gebäude ohne Folgen kollabieren, oder ein Text oder ein Computerprogramm kann korrigiert werden. Sogar in einem Text für einen Blog, in dem ich meine Ideen ausdrücke, kann ich Fehler machen und mich korrigieren, basierend auf den Kommentaren, die ich erhalte entsprechend den Regeln der Web-Etikette. Auf jeden Fall verhält es sich so, wie Paulo Coelho schreibt:

„Wir müssen Risiken eingehen. Wir werden das Wunder des Lebens nur verstehen, wenn wir das Unerwartete zulassen.“

Damit schließt sich der Kreis und wir kehren zu der Bedeutung der Serendipität und damit der menschlichen Kreativität zurück, noch bevor wir uns technologischen Wundern überlassen.

Zusammenfassung

1. Bei der Einführung neuer Technologien gab es schon immer Befürchtungen, aber wir dürfen nicht zulassen, dass sie uns blockieren.
2. Neue Ängste haben oft legitime Grundlagen, aber wenn sie zu ungerechtfertigten Verboten führen, dienen sie nicht als Moment der Entwicklung, sondern sie beschränken die Vision auf das, was bereits bekannt ist.
3. Lassen Sie uns ein wenig deutlicher unser schlechtes erwachsenes Verhalten im Umgang mit Technologie erkennen: Wenn wir die Post nicht kontrollieren können, wenn wir in Facebook verloren sind und so weiter.

11. Der begrenzte technologische Horizont von Erwachsenen

Im Fall einer neuen Technologie haben wir Erwachsenen oft ein eingeschränktes Sichtfeld. Wir sehen nur die Probleme und beurteilen sie basierend auf unseren Erfahrungen in der Vergangenheit, ohne uns die neuen und unerwarteten Anwendungen vorzustellen, die dadurch möglich werden. Wenn du außerdem ein Lehrer bist, werden dich wahrscheinlich diejenigen, die auf die Zukunft ausgerichtet sind, pausenlos fragen:

„Wie kannst du die Schüler auf die Zukunft vorbereiten, wenn du in der Vergangenheit steckst?“ (1)

Diese Leute haben leider recht und an den Beispielen mangelt es nicht. Ein interaktives Whiteboard in einem Klassenzimmer macht eine Schule nicht modern, wenn es wie eine Schiefertafel für einen klassischen Frontalunterricht verwendet wird. Gehen wir zu *tablets* und *e-book*-readern: Die Studenten müssen statt des alten Lehrbuchs dasselbe alte Lehrbuch benutzen, aber auf digitalen Medien.

Bereits 1971 beschwerte sich Seymour Papert, dass

„Computer in der Ausbildung oft zu auffälligen modernen Geräten reduziert werden, die verwendet werden, um das gleiche alte Zeug auf subtil getarnte Weise auf dem gleichen alten Weg zu unterrichten.“ (2)

Selbst der durch Kommunikationstechnologien ausgelöste Mentalitätswandel hat Mühe, sich unter Erwachsenen durchzusetzen. Obwohl heute das Motto *sharing* lautet, gibt es beispielsweise immer noch Lehrer, die mit großer Sorgfalt Konzepte und Aufzeichnungen ihrer eigenen Lektionen geheim halten.

Im zitierten Text fasst Papert diese Engstirnigkeit zusammen als

„intellektuelle Zaghaftigkeit der Gemeinschaft der „Computer-für-die-Didaktik“-Nutzer, die sehr widerwillig für irgendeinen Zweck Computer benutzen, und sich das nicht nachzuschlagen trauen was in den letzten Jahrhunderten in den Schulen gelehrt wurde“.

Wir Erwachsenen schränken unseren Horizont ein, wenn wir lieber an **Nomen** als an **Verben** denken, wie Marc Prensky in einem Interview begründete:

„Zunächst einmal denke ich, dass es entscheidend ist über Nomen und Verben zu sprechen, um die Rolle dieser Technologien zu verstehen. Netbooks, iPads, iPhones sind Nomen. Verben sind ›kommunizieren‹, ›kritisch denken‹, ›präsentieren‹, ›überzeugen‹. Sie sind wichtige Verben in der Bildung und sie verändern sich nicht. Es sind die Namen, die sich oft ändern." (3)

Hier sind die Technologien (die Nomen) nur Werkzeuge und sollen daher nur als Ansatzpunkte betrachtet werden. Was zählt, ist zum Beispiel kommunizieren (ein Verb), nicht womit es getan wird oder wie es gemacht wird.

Stattdessen reagieren wir auf eine romantische SMS wie

„xke da qnd nn c6 tvb d + !!!"

mit Entsetzen über das Schicksal der armen Sprache von Dante (4). Im Gegenteil, wir sollten uns auf das konzentrieren, was in all ihren Formen geschrieben ist – sogar in dieser! – und was es repräsentiert: Kommunikation, Ausdruck von sich selbst, Manifestation der eigenen Ideen.

Zwei vorausschauende Lehrer einer traditionellen, aber von Montessori kontaminierten ersten Klasse haben in diese Praxis eingeführt (5).

„Schreibt," sagten sie zu ihren Kindern, die verzweifelt antworteten: *„Aber wir können nicht schreiben!". „Das stimmt nicht. Jeder von euch, kann in seiner eigenen Sprache schreiben: Francis franciskisch, Matilde in matildisch und so weiter schreiben. Wenn ihr wollt, werde ich dann übersetzen."*

Ergebnis? Von nun an hörten diese Kinder nicht mehr auf zu schreiben. War es nicht genau das, was sie wollten? Oder wollten sie nur inhaltslose Seiten mit schöner Kalligraphie füllen?

Eine weitere wichtige Erweiterung des Verbs „kommunizieren" ist „visuell kommunizieren". Bilder sind ein sehr wirksames Medium für die Übertragung von Nachrichten und Inhalten. Die Augen, wie wir in Kapitel 5 gesehen haben, sind in jeder Hinsicht eine Erweiterung des Gehirns.

Stattdessen beschränken wir uns in der Schule auf das Zeichnen und Malen und vergessen dabei, dass Grafiken und Bilder sowohl eine Ausdrucksform als auch eine Stütze für das Verb „denken“ sind. Das Zeichnen dient dazu, die Gedanken klar zu strukturieren und zu organisieren in Notizen von Gedanken oder in *Mind Maps*. Eine mentale Karte macht nicht nur Ideen und ihre Zusammenhänge sichtbar, sondern beim Zeichnen und Kolorieren unterstützt auch der Gebrauch der Hände das Denken.

Sehr montessorisch, obwohl Tony Buzan (6), der Erfinder, es nicht wusste.

Wenn wir sehen, dass junge Leute Bücher ablehnen, werden wir wütend und wir werden traurig. Stattdessen sollten wir unsere Ansichten erweitern und berücksichtigen, dass junge Menschen vielleicht eher als das Buch selbst das ablehnen, was das Buch darstellt: Ein lineares Wissen, das von anderen verordnet wird, während sie jetzt an ein gemeinsames Netzwerkwissen gewöhnt sind. Nicht nur das, der Inhalt des Buches kommt von einer Autorität. Oft wird Lesen vorgeschrieben oder verordnet. Es wird als eine im Wesentlichen passive Aktivität betrachtet und ist oft mit schulischen Aufgaben und der negativen Bewertung für begangene Fehler verbunden.

Im Gegenteil dazu: Ein soziales Netzwerk zu aktivieren oder im Internet zu surfen sind frei gewählte Tätigkeiten. Sie ermöglichen eine aktive, nichtlineare und verzweigte Erkundung, in der jeder sein persönliches Wissen aufbaut und der Fehler nicht als negative Tatsache, sondern als Teil des Prozesses der Entdeckung angesehen wird.

Eine letzte Bekundung unserer zu engen Horizonte besteht darin, neue Technologien nur als eine Verbesserung dessen zu betrachten, was wir bereits wissen. So ist es nicht. Die sozialen Netzwerke sind nicht die Mäuerchen von Alassio, nur größer.

(AÜ: Das „Mäuerchen von Alassio“, entworfen von Mario Berrino, ist sowohl bei Touristen, wie auch bei Kunstinteressierten, ein beliebtes Stadtmonument. Bis zum Ende des Zweiten Weltkrieges stellte es lediglich eine kleine Einfassungsmauer um den Stadtpark Alassios dar. Während des Wirtschaftsbooms in den Sechziger und Siebziger Jahren begannen die Bürger der Stadt jedoch die Mauer mit unregelmäßig geformten Fliesen zu verschönern.

Die erste Fliese wurde 1951 von dem Schriftsteller Ernest Hemingway angebracht, als dieser sich in der Stadt aufhielt. Weitere bemalte Fliesen wurden beispielsweise von dem Quartetto Cetra und von Cosimo Di Ceglie gestiftet. Der Brauch ist bis heute lebendig, und mittlerweile zieren zahlreiche Signaturen (circa 500) berühmter Persönlichkeiten das „Mäuerchen von Alassio". Quelle: https://de.wikipedia.org/wiki/Alassio)

Es ist etwas anderes.

Der Computer ist nicht Stift und Papier, nur schneller. Er ist etwas anderes: Neue Medien sind nicht nur eine Weiterentwicklung traditioneller Medien. Sie sind eine andere Sache. Es genügt zu sehen, wie wir die zu lesenden Webtexte auswählen: Wir fliehen vor den Websites, die das gedruckte Papier getreu kopieren und monolithische Textmassen beinhalten. Stattdessen sehen wir gern Texte durch, die die Suche nach relevanten Inhalten erleichtern. Selbst technologische Beschränkungen sind kein Hindernis für fundiertere Medien. Wir nehmen Twitter, die *Microblogging-Seite*, wo der Text auf 140 Zeichen beschränkt ist, zumindest gegenwärtig. Und genau diese Begrenzung, das wage ich zu sagen, hat eine neue Form der Literatur (7) geschaffen, wie sie Italo Calvino in den *American Lessons* und Maria Montessori in der *Autoeducazione* vorhergesagt hatten. Es ist wahr, es ist nichts Neues, schon mit dem Origami erschafft man Kunstwerke innerhalb der Grenzen des nur gefalteten Papiers und Gedichte entstehen innerhalb der Grenzen der Metrik (9). Aber es geschieht innerhalb dieser Grenzgebiete und in den Bereichen eines anderen technologischen *Mediums*, wo wir eine neue Freiheit finden, nach der wir suchen.

Vielleicht ist es möglich, uns dazu zu bringen, mit neuen Augen auf die neuen Technologien zu schauen. Zum Beispiel durch den berühmten und oft zitierten Artikel *More is different* (10) des Nobelpreisträgers für Physik, Phil Anderson. Im Wesentlichen argumentiert er, dass das Verhalten komplexer Systeme nicht mit einer einfachen Extrapolation der Eigenschaften kleinerer Systeme erklärt wird. Im Gegenteil, auf jeder Komplexitätsebene erscheinen völlig neue Eigenschaften, daher der Titel: *Mehr ist etwas anderes.*

Nehmen wir einen Vogelschwarm. Es sind nicht nur so viele Vögel, es ist etwas radikal anderes.

„Eine neue Technologie addiert oder subtrahiert nichts, sie verändert alles.“ (11)

Da wir einen Vogelschwarm nicht durch einen einzigen Vogel beurteilen und verstehen können, müssen wir unsere Jugendlichen nicht dazu zwingen, wie einzelne Vögel zu fliegen, wenn sie ein Schwarm sind.

Zusammenfassung

1. Wir Erwachsene sollten etwas mehr Zeit investieren, um zu verstehen, was in der Welt unserer Kinder vor sich geht. Haben wir zum Beispiel jemals versucht, ein Videospiel mit ihnen zu spielen?
2. Wir sollten die Hoffnung wachhalten, die Zukunft durch die Entwicklung und die Vorbereitung derjenigen zu schaffen, die in ihr leben werden und ihnen Zuversicht zu geben.

12. Lasst uns Bilanz ziehen

Maria Montessori ist nicht a priori gegen den Einsatz von Technologien in der Bildung.

Sie ist überzeugt, dass die Einführung von Technologie in den Schulen der Zukunft eine allgemeine Notwendigkeit werden wird, aber nicht das Mittel, um die Gesamtheit der Bildung zu verwirklichen. Denn für Montessori geht der Respekt vor dem Kind und seiner Entwicklung allem voran, auch jedem technologischen Trend.

Montessori-Schulen eignen sich zur Vorbereitung der Bewohner der Zukunft.

weil sie darauf abzielen, sie sich entwickeln zu lassen und ihnen nicht nur technologische Kompetenz zu verleihen. Solche Schulen betrachten die prägenden Jahre zu wenig und verschwenden sie.

Montessori-Schulen sind von der großen Hoffnung inspiriert, die Zukunft gestalten zu können.

Lesen Sie einfach die Seiten von Maria Montessori über den *neuen Menschen*, um auf den Pessimismus zu antworten, der das Zitat von Bertrand Russell in Kapitel sieben durchzieht.

Neue Technologien müssen wie andere Materialien in die Montessori-Schule integriert werden

damit die Kinder nicht überschwemmt werden und weil die Schule ihren gestaltenden Zweck nicht aufgeben darf. Das Ziel der umfassenden Bildung des Individuums darf sie nicht aus den Augen verlieren.

Es ist ungerechtfertigt, die Schule mit Technologie zu füllen.

Einige Bildungsexperten sind der Meinung, dass der Versuch nicht gerechtfertigt ist, Klassenzimmer mit Computern und allem anderen auszustatten. Die diesbezüglichen Studien beweisen nicht mit Sicherheit, dass dies zu besseren Ergebnissen oder anderen messbaren Vorteilen führt. Ganz zu schweigen davon, dass nicht alles, was wichtig ist, gemessen werden kann, wie die Entwicklung der Persönlichkeit oder der Erwerb von kognitiven Kompetenzen.

Technologie muss eingeführt werden, nachdem das Kind die Abstraktion erobert hat.

Zuerst müssen wir konkrete Erfahrungen fördern, bevor es zu spät ist. Und seien Sie nicht überrascht von den unglaublichen Fähigkeiten kleiner Kinder. Unterliegen sie nicht der falschen Vorstellung, dass der frühe Gebrauch von elektronischen Geräten eine überlegene Intelligenz zeigt.

„Montessori funktioniert, weil so das Gehirn funktioniert".

Die Bewegung, die Nachahmung, der Gebrauch der Hände, die Normalisierung und der Rest aktivieren oder nutzen Mechanismen des Gehirns, was langfristig Vorteile bringt. Die Technologien verbessern diese Ergebnisse nicht immer.

Das Gehirn hatte keine Zeit sich zu entwickeln, um sich an eine technologische Welt anzupassen

und wir kennen noch nicht die langfristigen Auswirkungen des Einsatzes von Technologie, insbesondere in der Schule. Daher glauben wir nicht, eine eindeutige Antwort auf die Frage zu haben, ob die Technologien der Schule Vorteile bringen oder nicht.

Der Lehrer macht den Unterschied

Er muss ein Leiter sein, nicht derjenige, der am meisten Bescheid weiß. Der Lehrer muss *„eine Person sein, die Ihre Neugier weckt und fördert, und die Maschinen können dies nicht in der Weise tun wie Menschen"*, erklärte Steve Jobs.

Machen Sie sich nicht irgendwie verantwortlich, indem Sie Geschichten von anderen Schulen hören. In der Montessori-Schule sind die Ziele das Glück und die Entwicklung des Kindes, nicht das Drücken von Tasten oder der Wettbewerb um die technologischste Schule.

Die Altersgruppen

Wenn wir nach Altersgruppen zusammenfassen wollen, was mit der Technologie in der Schule gemacht werden kann, könnten wir vorschlagen:

Krippe (Nido) (AÜ: Alter 0 – 3 Jahre) *und Kinderhaus* (AÜ: Alter 3 – 6 Jahre)

1. Keine Technologie für Kinder.
2. Trainingsarbeit für Eltern zum Einsatz von Technik und Fernsehen zu Hause.
3. Kulturelle Arbeit an der zerebralen Entwicklung des kleinen Kindes.

Grundschule (AÜ: International. Lebensalter 6-**12** Jahre!)

1. Einige technologische Aktivitäten, wie sie im nächsten Kapitel vorgeschlagen werden.
2. Anleitende Aktivitäten, damit die Kinder verstehen, was hinter den Technologien steckt und wie sie richtig gehandhabt werden.
3. Kulturelle Aktivitäten mit den Eltern betreffend den richtigen Einsatz von Technologien auch ihrerseits.

Nach der Grundschule
Parallel zu den laufenden Studien zur Vorbereitung eines Montessori-Lehrplans von der Mittelstufe bis zur Oberstufe müssen Sie das Thema der neuen Technologien in der Schule ausgehend vom Wissen der jugendlichen *digital natives* und ihrer technologischen Welt vertiefen.

13. Was kann ich in der Praxis tun?

Wir setzen unsere Analyse der Beziehung zwischen montessorischen Ideen und neuen Technologien fort: Wir überprüfen, was Lehrer neben der Theorie der früheren Kapitel nutzen könnten, um mit den Technologien besser umzugehen und sie in der Schule vorteilhaft einzusetzen.

Um nicht bei theoretischen Ideen zu bleiben, schlage ich in diesem Kapitel eine Sammlung von Beispielen möglicher Aktivitäten vor, die auf Technologie basieren.

Sie werden sofort bemerken, dass alle meine Vorschläge Sie auf dem falschen Fuß erwischen wenn Sie sie in einer Montessori-Schule anwenden wollen. In all diesen hypothetischen Beispielen ist es nämlich der Lehrer, der für die Kinder entscheidet. Hier brauchen Sie Ihre Sensibilität und Ihre Erfahrung als Lehrer, um meine Ideen in Montessoris Sinn umzuwandeln, so dass daraus Möglichkeiten für die Freie Wahl der Arbeit und für die Entwicklung des Kindes werden können

13.1. Welche Ressourcen für den Lehrer?

Auf amerikanischen Websites für Lehrer fehlt fast nie die Seite „Die (*Zahl*) Technologien, die jeder Lehrer kennen muss“, wobei die Zahl in der Regel zwischen fünf und fünfzig liegt und der Inhalt immer die traditionellen Sekundarschulen betrifft.

Sie kennen mindestens die folgenden *Softwaretools*, die Ihnen bei der Vorbereitung und der Studienarbeit helfen können (in Abschnitt 14.3 ist beschrieben, wie und wo Sie diese erhalten können):

1. **Google-Suche (oder andere Suchmaschinen), Wikipedia**: Exploration, Beratung.
2. **Libre Office (oder Microsoft Office)**: Schreiben und präsentieren.
3. **Google Drive**: Gemeinsame Dokumente schreiben.
4. **CmapTool, Xmind, FreeMind**: Mental Maps und Konzeptkarten.
5. **Dropbox**: Teilen von Dateien und Bildern.
6. **Slideshare**: Teilen von Präsentationen.

7. **YouTube**: Filme teilen (und erstellen).
8. **Skype, WhatsApp**: Kommunikation.
9. **GIMP, Fotor, Instagram**: Bildmanipulation.

Abgesehen von Microsoft Office, das kommerziell ist und in der Liste der Vollständigkeit halber aufgeführt ist, sind alle anderen Tools kostenlos. Die Möglichkeit, qualitativ hochwertige Anwendungen zu erhalten, ohne etwas zu bezahlen, eröffnet einen Einblick in eine Welt, die von Menschen bevölkert ist, die sich ihrer autonomen Entfaltung widmen. Ihre Meisterschaft im Schaffen von etwas für einen bestimmten Zweck wollen viele zeigen. Diese Gemeinschaft von Entwicklern verdichtet ihre Aktionsphilosophien in einem Satz, der leider ein wenig verliert, wenn er übersetzt wird:

„Free software. Free as in free speech, not as in free beer."

Auf Deutsch klingt es wie: *„Freie Software ist Redefreiheit, kein Freibier!"* Das Ziel ist nicht Kostenfreiheit, sondern die Freiheit des Ausdrucks, der Wahl, der Korrektur und der Veränderung.

Ich stelle mir vor, dass Sie eine gewisse Parallelität zwischen den Beweggründen derer, die freie Software entwickeln, und denen von Kindern in einer Montessori-Schule festgestellt haben. Auch das Kind wählt autonom aus und reagiert auf ein inneres Bedürfnis nach Meisterschaft für einen bestimmten Zweck. Es täuscht nicht irgendetwas vor.

Um kostenlose *Software* zu erhalten, können Sie zum Beispiel *SourceForge* besuchen, wo viele Entwickler ihre Kreationen zur Verfügung stellen. Sie können auf *AlternativeTo* nach Alternativen suchen, um ein kommerzielles Tool, das Sie bereits kennen, zu ersetzen. Sie können auch an das Ende dieses Textes gehen, wo ich einige Links zu nützlichen Anwendungen gesammelt habe.

Apropos Anwendungen, meiner Meinung nach könnten die Montessori-Lehrer viel lernen, indem sie die Struktur und die Lesbarkeit ihrer eigenen technischen Alben analysieren. Sie können auch die Möglichkeit schaffen, die Aufmerksamkeit auf die Folien ihrer Präsentation zu lenken. Sie sehen, hier ist es nicht nur das Wissen des Computer-Tools, das am Ende nur ein Mittel ist. Sie müssen auch etwas über Typografie und visuelle Kommunikation wissen, um eine gute und effektive Arbeit zu schaffen.

Viel nützlicher als ein wirksames Wissen über Programme oder ein allgemeines „Lernen, Computer zu benutzen", so denke ich, ist es, ein *mentales Modell* dafür zu entwickeln, wie Technologie funktioniert und wie wir sie verwenden. Zum Beispiel, wie viele von Ihnen schreiben eine Webadresse in Google anstatt in der Adressleiste des Browsers? Es ist also so, als würde man im Telefonbuch nach einer Nummer suchen, die bereits bekannt ist, anstatt sie zu benutzen, um den Anruf zu tätigen.

Vielleicht haben Sie die Geschichte der 86-jährigen englischen Großmutter gehört, die auf Google getippt hat:

„Bitte übersetzen Sie diese römischen Ziffern MCMXCVIII, danke."

Als sie gefragt wurde, weshalb sie diese Formulierung gewählt hatte, antwortete sie offen: *„Ich dachte, dass, wenn eine Person gebildet ist, vielleicht jemand anders zuerst antwortet."* (2)

Liebenswert und verständlich in diesem Fall. Aber im Allgemeinen macht es uns deutlich, dass wir oft nicht wissen, wie eine Suchmaschine funktioniert. Dies ist nur ein Beispiel dafür, wie wir Erwachsenen oft Technologie verwenden, ohne sie zu kennen und ohne das Bedürfnis verstehen zu wollen wie sie funktioniert.

Nun, hier können wir uns nicht vertieft mit diesem Thema beschäftigen, um nicht zu weit von der Suche nach dem abzuweichen, was der Entwicklung unserer zukünftigen Erwachsenen dienen kann. Ich glaube jedoch, dass jeder viele Beispiele von Präsentationen oder Dokumenten kritisch beobachten kann und sich in die Lage derjenigen versetzen kann, die sie lesen und vor allem versuchen und wieder und wieder versuchen müssen, sich das nötige Fachwissen anzueignen.

Oder Sie können sich fragen, wie die von Ihnen verwendete Computertechnologie funktioniert. Es verlangsamt sicherlich die Arbeit, aber es trainiert die Neugier. Lehrer könnten dann zu Förderern von Auffrischungstreffen werden. Sie könnten diese Themen zusammen mit weiteren schulischen oder methodischen Themen in der Praxis behandeln. Wir verlieren keine wertvolle Zeit damit, zu lernen, wie diese Technologien im Detail eingesetzt werden. Ihr Lehrer müsst sie verstehen, aber nicht unbedingt Gurus werden.

Wenn Ihnen etwas nicht klar ist, fragen Sie Ihre Schüler, ich bin überzeugt, dass sie Ihnen gerne helfen werden.

Jetzt kommen wir zu den Vorschlägen für technologische Aktivitäten, an denen die wichtigsten Personen der Schule beteiligt sind: die Kinder.

13.2. Die klassische „Forschung“

„Ich würde die Kinder gern dazu bringen, über den Gepard von Anatolien (3) zu recherchieren, indem sie die Fähigkeiten von Google und die immensen Sammlungen von Informationen nutzen, die im Internet verfügbar sind“.

Eine amerikanische Montessori-Lehrerin sagt:

„Das ist, was ich tue: Ich benutze den Computer für seinen beabsichtigten Zweck – um die Informationen zu sammeln, zu analysieren, zu synthetisieren und zu teilen – das heißt, wenn ein Schüler etwas recherchieren möchte, machen wir manchmal nur eine Suche auf Google nachdem *ich nachgesehen habe, ob wir etwas in unserer Klassenenzyklopädie finden können.*
Ich suche oft nach Bildern in der Kinderenzyklopädie. Wir suchen nach Fotos von Dingen, die wir erforschen.
Das Internet und der Computer werden in einer Lektion wie jedes andere Recherchewerkzeug präsentiert. Es ist, was es ist: ein Instrument mit einem Zweck, das respektiert werden muss wie alle anderen Materialien im Raum „(4).

Ein guter Vorschlag, den ich in folgenden Schritten erweitern möchte:

1. **Definieren Sie, was Sie wissen möchten**, indem Sie eine mentale Karte oder eine Konzeptkarte (5) des Forschungsthemas erstellen. Zeichnen Sie alles auf, was Sie wissen und was in den Büchern gefunden wird. Wenn Sie dann die Karte auf einem großen, auf dem Boden liegenden Blatt erstellen, wird es auch eine motorische Aktivität für alle Kinder.
2. **Finden Sie die Fragen**, die durch die Analyse der Karte gestellt werden, indem Sie nach den „Wissenslücken“ suchen, nach dem, was nicht bekannt ist und daher gesucht werden muss. Es könnte auch sein, dass die Forschungsarbeit hier endet, wenn wir schon alles wissen, was uns interessiert. Und dies ist vielleicht der wichtigste Schritt in der gesamten Aktivität. Denn Suchmaschinen machen uns effizient, aber gehaltlos, weil sie uns nicht helfen, wichtige Fragen zu formulieren.

3. **Nutzen Sie eine Suchmaschine**, die Google sein kann (5Ü), und versuchen Sie vielleicht, alle ihre Funktionen zu nutzen, auch die normalerweise ignorierten (6). Nutzen Sie jede andere Suchmaschine oder Wikipedia direkt. Wir werden entdecken, dass verschiedene Suchmaschinen und Wikipedia in verschiedenen Sprachen zu Ergebnissen führen, die oft divergieren und manchmal sogar widersprüchlich sind (7). An dieser Stelle nichts weiter dazu; es könnte jedoch eine gute Lektion in kritischem Geist sein.
4. **Entscheiden Sie zwischen den Antworten**, indem Sie lernen, die relevanten zu erkennen, und diejenigen, die sich auf verlässliche Quellen beziehen, bevor Sie sie verwenden, um die „Wissenslücken“ zu schließen, die immer noch auf der Karte vorhanden sind. Es kann passieren, dass die Antworten zu anderen Fragen führen, an die Sie und die Kinder nicht gedacht hatten („Ich habe herausgefunden, dass dieses Tier in Anatolien wohnt. Wo ist Anatolien? Warte, lass mich Google Earth benutzen.“).
5. **Teilen Sie, was gefunden wird**, indem Sie einen Textbericht der Suchergebnisse oder eine Präsentation erstellen. So lernen Sie, bei der Textgestaltung mitzuarbeiten (Don Milani hat es bereits gelehrt) und die Ergebnisse der Arbeit zu teilen. Lassen Sie uns nicht vergessen, dass die Menschen heute mehr denn je informelle Handlungen im Kontext erfahren wollen: Den Ort, die Zeit und die Frage, wer an einem bestimmten Ereignis beteiligt ist. Mit anderen Worten, sie möchten Geschichten hören, keine Liste von trockenen Fakten. So dehnt sich einfache Forschung aus und kann zu einem Anreiz werden, über Kommunikation und effektives Schreiben zu sprechen.

13.3. Multimediaarbeit

„Ich möchte mit meinen Schülern etwas Multimediales vorbereiten, ich weiß nicht … einen Film, eine Zeitung oder sogar eine Website“.

Es gibt verschiedene Arbeiten, die inspirieren und vor allem kritisch zu bewerten sind. Ein erstes Beispiel ist das PodClass-Projekt in Como (8). Dieses zeigt, wie man Kindern und Jugendlichen bei der Realisierung eines

Geschehens hilft, professionelle Ausrüstung für die Produktion der endgültigen Arbeit zu verwenden.

In der Montessori-Schule in der Via Milazzo in Mailand wurde eine komplexe Aufgabe erledigt, die sich als schwieriger erwies als erwartet. Die Geschichte, die sie aus ihrer Erfahrung gemacht haben kann uns ein paar Ideen geben, um zu beurteilen ob wir in eine Aktivität wie diese einsteigen:

„Vor einigen Jahren wählten wir den „Film“ -Modus in der Grundschule unter Mitwirkung einiger Eltern in verschiedenen Funktionen in der Regie oder in der Fotografie mit dem Ziel, Begeisterung für die englische Sprache zu wecken und am Schauspielen und Zeichnen mitzuwirken. Der Text und die Stichworte waren in den Klassen aufgeteilt und vom Lehrer begleitet. Die Präsentation der Arbeit fand am Ende des Jahres statt. Die Ausrüstung bestand in einer gewöhnlichen Sony-Videokamera, Die Montage des Films war, wie Sie sich vorstellen können, in den Händen der Techniker und der Lehrer. Die Idee, eine Zeitung mit den Inhalten des Films zu schaffen, wurde von den Kindern selbst kreiert. Sie betrachteten sich darum als Dolmetscher und Journalisten. Es war schön, und sie taten das ernsthaft und auf ihre Art. Das Unterfangen ist immer noch gewaltig, weil es wirklich alles beinhaltet (Bühnenbild, Beleuchtung, Montagezeit, Fehlzeiten von Kindern, Auseinandersetzungen mit den Eltern, unvorhergesehene Kosten, Zeiten der Realisierung…).“

Ein anderes interessantes Beispiel ist der Film „Hände öffnen den Bildschirm“ mit den Kindern des Nido (AÜ: Krippe), eine der letzten Arbeiten für den Montessori-Kurses 0–3 von Brescia im Jahr 2015. Der Autor der Diplomarbeit „Das Kind – vom Zuschauer zum Protagonisten: die Montessori-Methode in audiovisuellen Medien“ erinnert sich:

„Ich habe die audiovisuelle Technik des „videoattivo“ auf möglichst montessorische Weise angewandt und mit diesen Kindern einen kleinen, sehr einfachen Film realisiert, der so viel wie möglich Merkmale der Montessori – Arbeit berücksichtigt, von der Vorbereitung der Umgebung bis zu der des Materials, der Aufmerksamkeit, die Freiheit der Wahl, die Rolle des Erziehers und so weiter … Protagonist des kurzen Streifens: die Hand! Es war anstrengend, aber auch bereichernd und aufregend.“

Für ältere Kinder könnte man stattdessen von *Media Education* sprechen, welche die Mechanismen hinter den *Medien* aufdeckt. Lidia Rubio Arteaga hat dies in ihrer Abschlussarbeit (9) realisiert und darin angewendet, was bei der Vorbereitung und Produktion eines Videos analysiert wurde.

Der Film erzählt das Leben der Kinder einiger Familien, die sich entschieden haben, in einer „Solidargemeinschaft" zu leben. In diesem Fall war das Ende der Aktivität nicht der Film als solcher, sondern die Erzählung einer Geschichte, ihrer Geschichte.

In diesem Zusammenhang könnte ein anderer Vorschlag eine Aktivität von *Citizen Reporter* sein, um eine Geschichte zu erzählen, ein Ereignis zu beschreiben oder eine lokale Tatsache zu untersuchen. Um dies zu tun, müssen Sie zusätzlich zum Schreiben die Videocamera verwenden, Bilder mit Ihrem Handy aufnehmen und mit GPS lokalisieren. Ich denke, es ist eine einfachere Aufgabe als einen ganzen Film zu produzieren. Der schwierigste Teil in diesem Fall ist zu definieren, wie das Ergebnis nutzbar gemacht wird. Es könnte eine Webseite sein, ein Artikel für eine lokale Zeitung oder – warum nicht? – ein Wikipedia-Eintrag.

13.4. Ein Tablet im Kinderhaus (Casa dei Bambini)

„Kann der Computer in einem Kinderhaus überhaupt jemals eingeführt werden?"

Das Projekt wurde 2002 von Patrizia Enzi, einer Lehrerin des ONM, durchgeführt und die Ergebnisse ihrer Erfahrungen wurden 2005 in *Vita dell'Infanzia* (10) veröffentlicht. Patrizia berichtet:

„Diese Aktivität begann mit dem Studium der verschiedenen Teile des PC. Dann erkannten die Kinder selbst, als sie begannen, den PC zu benutzen, dass sie den Ablauf der Zeit nicht bemerkten (AÜ: Polarisation der Aufmerksamkeit, „Flow"). Somit wurde die Nutzung durch andere schwierig gemacht. Ich schlug die Lösung vor: Verwendet einen Küchentimer.
Das verwendete Programm ermöglichte lediglich das Malen mit einem grafischen Werkzeug. Am Ende der fünfzehn Minuten, die mit dem Timer eingestellt wurden, beendeten sie die Arbeit und legten sie in einem Ordner mit ihrem Namen ab. Sie benutzten die Ordner wie Schubladen, in denen die fertigen oder zu beendenden Arbeiten aufbewahrt wurden."

Dieses Experiment steht nicht im Widerspruch zu den Schlussfolgerungen des vierten Kapitels, auch wenn die Technologie schon vor dem sechsten

Lebensjahr eingeführt wurde, weil das Experiment sehr kontrolliert und zu einer Zeit durchgeführt wurde, als die *Touch* – Grafik – Interfaces noch nicht weit verbreitet waren (Erinnerung: das iPhone gibt es seit 2007).

Die Aktivität als solche wäre heute vielleicht nicht anregend und nützlich für Kinder. Stattdessen sind die Schlussfolgerungen, die wir aus diesem Experiment ziehen können, von allgemeinem Interesse:

- Es wurde eine Einführungslektion, eine Darbietung wie für jedes andere Material gemacht.
- Der Lehrer hat der von den Kindern vorgeschlagenen Lösung vertraut.
- Die Technologie wurde für eine präzise Aufgabe verwendet.
- Die Schnittstelle, dargestellt durch das Grafiktablett, spiegelte getreulich die Zeichnung mit einem Bleistift auf dem Papier wider.

Wer weiß, ob sich im Kinderhaus nicht angesichts einer Einführung des *Tablets* mit durchgängiger *Touch-Benutzeroberfläche* ein *Speed-Typing-Kurs*, also das Schreiben auf der Tastatur mit allen zehn Fingern, als eine exotische Neuheit für Kinder erweist. Sie wären sicherlich in der Lage, ein *Tablet* oder einen Computer mit eigenen Händen auseinander zu nehmen, um zu sehen, wie es im Inneren aussieht.

13.5. Elektronische „Brieffreunde“

„Ich möchte die Kommunikationstechnik nutzen, um unsere Schule einer anderen zu präsentieren und dadurch meinen Schülern eine andere Realität vermitteln“.

Es ist eine ausgezeichnete Idee, besonders wenn wir sie mit dem Bereich der Kosmischen Erziehung koppeln. Ein Treffen und ein Austausch, nicht nur so einfach im Chat, ist ein Moment der Verbindung zwischen Menschen, verschiedenen Regionen und Kulturen. Um Kommunikation zu einer Chance für Entwicklung zu gestalten, ist es notwendig, sie durch konkrete Schritte zu planen:

1. **Klären Sie den Zweck der Kommunikation.** Um die Schule vorzustellen? Eine Fremdsprache sprechen? Eine andere Kultur kennenlernen? Es könnte auch ein interaktives Lernspiel entstehen, wo die beiden Schulen eine Reihe von „ja/nein“-Fragen verwenden um ihre jeweiligen geographischen Positionen (11) herauszufinden.

2. **Finden Sie die entsprechende Schule.** Eine Schule, die das Projekt teilt und es umsetzt, muss nicht unbedingt eine andere Montessori-Schule sein.
3. **Bereiten Sie die Schüler vor.** Die Aktivität darf nicht zu einem verwirrenden Durcheinander werden oder zu einer Lektion, in der die Lehrer das Treffen leiten. Es sind die Schüler, die eine Reihe von Themen vorschlagen müssen, die sie behandeln möchten, und eine Liste von Fragen, die sie stellen möchten.
4. **Richten Sie den technischen Teil ein.** Die einfachste Möglichkeit ist, Skype mit einem Mikrofon und Lautsprecher mit Verstärker zu verwenden, die *Webcam* so zu platzieren, dass alle Teilnehmer zu sehen sind sowie nicht zuletzt: alle Zeitzonen zu berücksichtigen.

Achtung! Die Voraussetzung dafür, dass alles funktioniert, ist, dass die Netzwerkinfrastruktur eine stabile Verbindung mit einer angemessenen Geschwindigkeit ermöglicht. Sicherlich müssen Lehrer zuerst eine Testverbindung herstellen, wenn keine Schüler anwesend sind (AÜ: oder aber die Schüler in diese Handlung einzubeziehen).

1. **Der Moment der Kommunikation.** Die Jugendlichen müssen angeleitet werden und die jeweilige Zeitdauer muss beschränkt werden (wenn die Schülerinnen und Schüler fortfahren wollen, können sie einen späteren Kontakt planen).
2. **Zusammenfassen:** Mit den Jugendlichen die gemachten Erfahrungen rekapitulieren und die Punkte sammeln, die sie am meisten betroffen haben. Bereiten Sie eine Präsentation vor für diejenigen, die nicht teilgenommen haben (die abwesenden oder anderen Schüler).
3. **Dank der anderen Schule.** Vielleicht mit einem (Papier-)Brief, einem Foto oder etwas anderem.

Mit diesem Vorschlag enden die möglichen Kommunikationsaktivitäten nicht. Sie können beispielsweise einen Elternteil bitten, ein spezielles Thema zu präsentieren oder seinen Arbeitsplatz via Skype zu zeigen.

Vertrautheit mit Kommunikationsprogrammen kann auch Lehrern interessante Vorteile bringen, die beispielsweise Erfahrungen austauschen oder Treffen zur Wiederholung und Vertiefung auf diese Weise organisieren können.

Übrigens, ein ganzer Montessori-Ausbildungskurs via Skype erscheint mir sehr zweifelhaft, weil das Tool die möglichen Kommunikationskanäle reduziert. Vor allem werden die notwendigen praktischen Übungen unter den Teilnehmern nicht ermöglicht.

13.6. Die Welt und die Geographie

„Und Geographie? Könnte ich Technologie verwenden, um Freude und Interesse an diesem Gebiet zu wecken?“

Abgesehen von der Vorstellungskraft ist der Computer ein wunderbares Mittel, um die Grenzen von Raum und Zeit zu überwinden. Die Kinder können abgelegene Orte mittels Google Earth besuchen. Sie können auch auf Wikipedia über fremde Länder lesen, architektonische Schätze besuchen oder bewundern, indem sie die vielen Webseiten über Tourismus lesen, die im Netz sind.

Eine interessante und informative Aktivität kann daraus entstehen, aber vielleicht wirkt sie etwas zu passiv. Um mehr Montessori-Aktivitäten zu schaffen, könnte man Wissen über Orte mit direktem Kontakt zu Einheimischen oder lokalen Kollegen kombinieren, zumindest über Fernkommunikations-Tools, wie ich es im vorherigen Abschnitt vorgeschlagen habe. Die Lektüre von Reiseromanen könnte außerdem die Möglichkeit bieten, die in der Arbeit beschriebenen Orte in Google Earth zu erkunden. So kann man gewissermaßen in die Rolle der Protagonisten schlüpfen. Es könnte interessant sein für die Schüler, sich in die Rolle des Autors einer Erzählung zu versetzen. Sie können eine Route auf den Karten erstellen, den Mitschülern berichten, was sie (virtuell) sahen an den Orten, die sie auswählten.

Anders als eine langweilige Geographie-Aufgabe im Klassenzimmer!

Wir könnten uns auch von den Vorschlägen der Kosmischen Erziehung inspirieren lassen. Diese ist kein Schulfach, sondern eine Art und Weise, über die Mechanismen nachzudenken, welche die Menschheit, das Universum und alle lebenden Spezies verbinden.

(AÜ: Hier bedarf es m. E. noch umfangreicher Erläuterungen bezüglich der Bedeutung der Kosmischen Erziehung für die 2. Entwicklungsstufe. Siehe Anmerkungen mit Literaturhinweisen im Nachwort.)

Welche Verbindung kann auf einer Karte sichtbar gemacht werden? Können wir gefährdete natürliche Orte lokalisieren und verstehen, was sie bedroht? Können wir sehen, woher Produkte stammen, die Kinder mögen (Bananen, Kakao, Erdnüsse ...), und die Menschen, die sie anbauen?

Anstatt sie nur zu benutzen, kann man daran denken, auch im Bereich der Geographie und topographischen Karten einiges anders zu gestalten. Ich spreche von einer Arbeit (12), welche die Erfahrung eines *MiniMapathon* darstellt, also die gemeinschaftliche Erstellung von Karten für humanitäre Zwecke. Diese Aktivität wurde von 250 Schülerinnen und Schülern von vierten und fünften Klassen der Grundschule durchgeführt. Die Aufgabe der Jugendlichen bestand darin, in die Karte eines Gebiets die Luftaufnahmen der Bauwerke einzufügen, an denen eine humanitäre Organisation tätig war. Ähnliche Aktivitäten werden von *Missing Maps* (13) koordiniert, die, wie der Name schon besagt, die Erstellung von Karten beinhalten, die von dort nicht existieren. Dies betrifft insbesondere solche von am stärksten gefährdeten Gebieten, die Epidemien, humanitären Krisen, Naturkatastrophen und anderen Risikofaktoren ausgesetzt sind.

13.7. Die Videospiele

„Videospiele in der Schule, sind wir denn verrückt?“

Vielleicht nicht völlig. Es ist ziemlich unwahrscheinlich, dass wir sie jemals in einer Montessori-Schule sehen werden. Aber wenn man darüber nachdenkt, fragt man sich: Welche Unterschiede gibt es zwischen der Verwendung eines Videospiels und dem, was in diesen Klassenzimmern gemacht wird?

Videospiele sind interaktiv, partizipativ und finden in einer geschützten Umgebung statt, in der die Spieler in ihrem eigenen Tempo spielen. Einige kreieren dabei sogar etwas wie *Minecraft* und *SimCity*. Diese wurden, wie wir uns erinnern, von Will Wright entworfen, einem ehemaligen Montessori-Schüler.

Bei der Bewertung der Idee von Videospielen in der Schule sind wir geneigt, sie von vornherein zu dämonisieren. Es ist der einfachste Weg, aber so ignorieren wir die Ergebnisse ernsthafter Studien zu diesem Thema. Um ein Beispiel zu geben, hat Daphné Bavelier von der Universität Genf Action-Videospiele analysiert, die zeigen, wie diese die Plastizität des Gehirns verbessern und wie die Gewalt, die sie möglicherweise erzeugen, von etwas anderem abhängt als vom Spiel (15).

Auf der anderen Seite scheinen die „erzieherischen" Spiele mir folgende Botschaft zu vermitteln: Wenn man nicht auf sie abfährt, werden einige zu lernende Dinge nicht erlernt und die Materie ist so abstoßend und so nutzlos, dass man sich zum Spiel überwinden muss, um es zu kritisieren zu können.

Diese Spiele beschränken sich auf die Umsetzung eines Lehrbuchs oder einer Arbeitsmappe. Wenn sie doch auf ein höheres Ziel hinzielen könnten, wie beispielsweise die Begeisterung für Mathematik zu erzeugen, anstatt nur den Umgang mit Tabellen zu lehren! Vielleicht ist *Minecraft* lehrreicher.

Ein interessanter Blick auf die Rolle, die elektronische Spiele in der Schulumgebung spielen können, ist der von James Paul Gee von der Universität von Arizona. Er ist davon überzeugt, dass Schüler letztendlich verstehen müssen, wie Probleme gelöst werden und dass sie lernen müssen, kreativ zu sein:

> *„Ich befürworte nicht das Lernen mit Spielen, sondern das Bedürfnis zu lernen, indem Lernende ihre Fähigkeiten zur Lösung von Problemen in die Praxis umsetzen. Heute konzentrieren sich unsere Schulen auf Fakten und Informationen und nicht auf die Lösung von Problemen. So sind viele unserer Studenten nicht zur Problemlösung in der Lage, selbst wenn sie Tests zu Fakten und Informationen bestehen."* (16).

Probleme, die sich in der Montessori-Schule nicht stellen, wo jedes Material immer neue Aufgaben zur Problemlösung enthält.

Michael Levine, geschäftsführender Direktor des „Joan Ganz Cooney Centers" in New York, hat in einer Reihe von Berichten Hunderte von Alphabetisierungsapps für Kinder analysiert und kam zu dem Schluss, dass

„der Anwendungsmarkt ein Wilder Westen ist. Der größte Teil der Apps, die als „lehrreich" bezeichnet werden, bietet keine suchbasierte Ausrichtung. ... Weniger als 10% der von uns analysierten Anwendungen wiesen (in ihren Beschreibungen) einige Hinweise auf Wirksamkeit auf".

Stattdessen gibt es Videospiele, die von den Leuten nicht einmal als lehrreich eingestuft werden: zum Beispiel *Papers Please*, wo der Spieler die Rolle eines Bürokraten während des Kalten Krieges spielt, oder *Oregon Trail*, wo er zusammen mit Pionieren nach Westen reist.

Ihre Schöpfer kennen eine grundlegende Wahrheit, die in heutigen Lernspielen häufig vergessen wird: Die Erfahrung, dem Spieler möglichst Spielgenuss zu verschaffen, ist extrem kraftvoll und mächtig. Das Spiel zwingt nicht, sich Fakten zu merken, es bewertet keine Banalitäten.

Es betrifft ausschließlich die Erfahrung und vermittelt ein nicht unerhebliches Verständnis für das Unbehagen, mit dem diejenigen konfrontiert waren, welche am Oregon-Trail teilnahmen, oder für die Angst, die ein Bürger von Ostberlin empfand, indem der Spieler einfach in diese Rolle versetzt wird (17). Das lehrt nicht nur. Es vermittelt Bildung, auch wenn das Spiel nicht so etikettiert wird.

Schließlich gibt es Spiele und Simulationsprogramme. Berühmte Spiele wie *Assassin's Creed* oder *Civilization* erlauben es, historische Perioden und Ereignisse zu studieren, die eine Ära geprägt haben, oder wie bereits erwähnt *Celestia*, das es ermöglicht, eine Reise in das Sonnensystem zu simulieren sowie andere Spiele, die es ermöglichen, Phänomene und Ereignisse zu reproduzieren, die auf andere Weise nicht erforscht werden können. Schließlich untersuchen CSCS-Anwender physikalische Prozesse, die im Labor nicht möglich sind: Sie simulieren sie mit Berechnungsprogrammen, welche die untersuchten Phänomene annähern und reproduzieren.

Tom Wujec, Entwickler von *Autodesk* (18), fasst die Bedeutung dieser Art des Lernens aus seinem besonderen Blickwinkel zusammen:

„Simulationen sind eine Form der Visualisierung von Problemen und Hindernissen, womit auf der Ebene der Realität agiert werden muss. Sie (AÜ: die Simulationen) *erlauben keine Fehler und eröffnen gleichzeitig neue Grenzen im Design."*

Wir bekommen andere interessante Ideen, wenn wir unseren Horizont von Videospielen auf Spiele im Allgemeinen erweitern.

„Spielen ist Lernen ohne Strafe“, sagt Mickey Sarquis, Direktor von *Terrific Science*, *„und Spielzeug ist das beste Mittel, sich der Wissenschaft zu nähern“* (19).

Natürlich ist die erste Aussage etwas, was uns nicht direkt betrifft, denn bei Montessori gibt es nichts Außerirdischeres wie Belohnungen und Strafen. Es ist jedoch richtig, dass

„jeder Gegenstand, egal auf welcher Leistungsstufe, wenn er aufhört, Anlass für bloße schulische Übung zu sein und Gelegenheit zur Stimulierung des Gehirns bietet, dann auch ein Spiel ist. Wir tun es gerne, es stellt eine Art freiwilliges Hindernis dar, das wir zu überwinden trachten“ (20).

Ein konkretes Beispiel dafür ist Mario M. Montessori schönes Dokument mit dem Titel *Diese schreckliche Mathematik* (21), wo er von der Berechnung der Differenzen zwischen aufeinanderfolgenden Potenzen von ganzen Zahlen berichtet, einer nichttrivialen selbstgewählten Arbeit, worin die Kinder völlig versunken sind.

Spiele müssen nicht computerbasiert sein. In Texas schufen zwei Lehrer einer Mittelstufe *Historia*, ein Strategiespiel auf Papier, in dem die Schüler historische Probleme lösen oder Entscheidungen zur richtigen Zeit treffen mussten (22).

Sie berichten:

„Jedes Mal, wenn wir Lernspiele nutzten, wurde die Atmosphäre im Klassenzimmer elektrisiert und unsere Schüler wurden vom Studium der Geschichte gefesselt.“

Ich fand die Beobachtungen von Schülern und Lehrern in dem Video, das den Artikel begleitet, interessant, weil vieles genau daran erinnert, was man in einer Montessori-Schule sehen kann. Kein Zweifel, auch sie haben Ideen wiederentdeckt, die vor mehr als hundert Jahren entstanden sind.

13.8. Erstellen einer Mini-Wikipedia

„Ich würde nicht zulassen, dass sie Wikipedia benutzen; ich möchte, dass sie aktiver lernen".

Sogar die Geburt von Wikipedia wurde von Montessori-Ideen beeinflusst. Ihr Gründer, Jimmy Wales, beschreibt in einem Interview im Jahr 2005, die Schule seiner Kindheit als „eine Ausbildung, von der Philosophie Montessoris beeinflusst", wo „ich viele Stunden damit verbrachte, in der Encyclopedia Britannica und im World Book zu blättern" (23).

Wenn Sie möchten, dass Kinder Wikipedia intelligent verwenden, bringen Sie ihnen nicht bei, viel darin zu lesen, sondern selbst Einträge zu schreiben. So lernen sie die Ethik des Schreibens und wie es sich anfühlt, innerhalb weniger Stunden schonungslos korrigiert und verändert zu werden. Es fehlt nicht an Themen, zu denen man etwas beitragen kann: zum Beispiel lokale Traditionen, Spiele der Großeltern, ein für die Gegend typisches Gericht oder Dessert.

Um die technische Schwierigkeit zu umgehen, einen *account* bei Wikipedia zu eröffnen und Texte hinzuzufügen, können Sie ein lokales Wiki erstellen (24) oder, als Alternative, *„low tech"*, wie es an der Schule meines Sohnes geschah, wo sie auf einer an der Wand hängenden Tafel *(muro delle parole)* die Wörter sammelten, die sie in einem Text fanden und nicht kannten. Dann suchten sie nach ihnen im Wörterbuch oder in einer Enzyklopädie.

Die Schaffung und Weitergabe von Wissen kann unendlich ausgedehnt werden. Zum Beispiel können wir in der weiterführenden Schule, anstatt ein Buch von Papier auf elektronische Medien ohne Veränderung zu übertragen, die Erstellung von Live-Lehrbüchern anregen, die von Schülern und Lehrern konstruiert werden (25).

13.9. Programmieren lernen

„Ich möchte, dass meine Kinder Computer aktiver nutzen, um etwas zu konstruieren… "

Seit 1960 trat Seymour Papert (26), der mit Jean Piaget zusammengearbeitet hatte, dafür ein, dass alle Kinder lernen sollten, Computer zu programmieren um sie aktiver nutzen können. So fasste er seine Überlegungen zusammen:

„Es ist das Kind, das den Computer programmiert und nicht der Computer, der das Kind programmiert.“

Kurz gesagt, Programmierung als Gegenmittel für viele Probleme, die durch Technologien entstehen.

In unseren vorgefassten Ideen glauben wir, dass das Programmieren-Lernen ist eine Tätigkeit ist, bei der man zunächst mit einem dicken Handbuch vor dem Computer sitzt, Syntax auswendig lernt und die Regeln überprüft sowie sorgfältig alle Details und möglichen Fehler berücksichtigt. Glücklicherweise ist das nicht der einzige Weg, denn heute kann man lernen, mit praktischen und visuellen Tools zu arbeiten, welche das Programmieren ähnlich wie ein Spiel gestalten und es auch für Kinder ermöglichen.

Es gibt bereits viele Vorschläge: *Kodu* (27), eine Sprache für den Aufbau von Videospielen, *Scratch und Blocky* (28), allgemeinere Sprachen und schließlich *LOGO* (29), den Patriarchen, der sich mit seiner Schildkröte auf dem Bildschirm bewegt. Man kann auch ohne Computer Programme erstellen (29Ü), wie in der Anleitung des Projektes *Smart Coding* (30) vorgeschlagen. Dies weist eine Aktivität auf, in der die ganze Gruppe von Kindern Befehle von einem Begleiter mit verbundenen Augen erhält um ein Objekt zu verfolgen und einzuholen, das sich auf einem zuvor bestimmten Pfad bewegt.

Nach alledem, was ist ein Programm, wenn nicht eine Reihe von elementaren Anweisungen?

Eine großartige Quelle für diejenigen, die der Meinung sind, dass Programmieren eine interessante und lehrreiche Aktivität für Kinder sein kann, ist das *Coder-Dojo* (31). Hier spielen und arbeiten Kinder, Jugendliche und andere Interessierte zusammen um zu lernen, Programme zu schreiben. Ein Erwachsener erklärt das Spiel, das heißt, die Regeln für die Erstellung der Programme, nach denen die Kinder arbeiten. Sie erstellen, was sie möchten. Die Absicht hinter diesen Werkzeugen und Aktivitäten ist nicht nur, den Computer zu programmieren, sondern auch, methodisch zu denken, die Logik zu verstehen, die der Programmierung zugrunde liegt, zu kooperieren und zu teilen, was erschaffen wurde.

13.10. Die Robotik

„Ja, es ist in Ordnung, zu programmieren, aber abgesehen davon, auf dem Bildschirm ist alles sehr abstrakt … Ich hätte lieber etwas mit meinen Händen zu tun, etwas, das sich bewegt und das die Kinder berühren können … “

Ein Roboter ist einfach ein mechanisches Artefakt, das von einem Computer gesteuert wird; es muss nicht so sein, wie es Science Fiction beschreibt.

Bau und Betrieb eines Roboters erfordern eine Vielzahl von Aktivitäten: Entwurf, Montage des Roboters, Programmieren … Aktivitäten die gemeinsam gemacht werden, kooperierend.

Der Vorteil gegenüber einer reinen Programmierplattform ist, dass man mit einem greifbaren Objekt interagiert, das etwas „tut“.

Üblicherweise sind Robotikprojekte in Schulen nicht darauf beschränkt, die Grundlagen dieses Fachgebiets zu vermitteln, sondern sie lehren durch den Einsatz von Robotik. Vor diesem Hintergrund bietet die Robotik viele Berührungspunkte mit den Ideen Montessoris: Die Bedeutung der Umwelt, der Lehrer als Bindeglied zwischen Umwelt und Kind, das selbstgesteuerte Handeln, die Bedeutung des Fehlers als Ausgangspunkt, die „materialisierten Abstraktionen“ usw.

Es ist daher nicht verwunderlich, dass in einem vom Netzwerk *Robocup Italia* zur Verfügung gestellten Artikel die Sprache *LOGO* im Zusammenhang mit Montessori (32) erwähnt wird. Vergessen wir nicht, dass der Erfinder dieser Sprache und der geistige Vater von *LEGO MINDSTORMS* der bereits erwähnte Seymour Papert ist, der außer Mathematiker und Informatiker auch Pädagoge war.

In einer Montessori-Schule sah ich *Bee-Bot* (33), das greifbare Äquivalent der *LOGO*-Sprachschildkröte. Er sollte programmiert werden zur Bewegung auf einer Tafel mit Buchstaben, um Wörter zu bilden. Sprache ist sehr einfach, aber nicht trivial. Programmiert werden müssen die Richtung, die zurückzulegende Strecke und die Anzahl der Wiederholungen.

Wir sprechen hier nicht von amerikanischen Montessori-Einrichtungen, in denen die Robotik bereits zu einem der Standardvorschläge geworden ist (34).

Kehren wir zurück zu den traditionellen Schulen. Dann können wir uns von einer Schule in Viareggio inspirieren lassen, wo sie zu aktivitätsbasierten Anwendungen den Roboter *mBot* und die Steuerungssoftware *mBlock* (35) verwenden. Andere (36) nutzen stattdessen die wesentlich grundlegendere Struktur *Scribbler*. Oder wir gehen auf die aktiven Vorschläge der Robotik als Klassenzimmerprojekt ein (37). Zusätzlich zu diesen Experimenten erlauben es das bereits erwähnte *LEGO MINDSTORMS* oder das modernere *LEGO WeDo* (38), sich der Robotik ohne große Schwierigkeiten zu nähern. Erwähnenswert ist der *KIBO*-Roboter (39), der sich sowohl an Kinder mit einer technischen Mentalität als auch an solche richtet, die eher dem künstlerischen Tun zugeneigt sind. Der Roboter benötigt keinen Computer zur Steuerung, Im Gegenteil, es werden physische Blöcke verwendet, um die Programme zu erstellen, die der Roboter ausführen wird.

Wenn Sie eine Robotikaktivität in Ihrer Schule einführen möchten, können Sie sich an Verbände wie die *Scuola di Robotica* (40), wenden, um einen professionellen Guide zu erhalten. *Scuola di Robotica*, betreibt ein Netzwerk von ungefähr einhundert Schulen verschiedener Arten und Niveaus. Sie arbeiten zusammen auf der Plattform *Robot@Scuola*.

(AÜ: Ein deutsches Pendant ist z. B. Roberta. https://www.roberta-home.de/)

13.11. „Internet ist für immer“ und andere Warnungen

Die Lehrer müssen Leiter sein, wir wissen das, so sehr, dass Maria Montessori sie „direttrici“ nannte (AÜ: im Italienischen; deutsch: Intendant, „Richtungsweiser“), ein Begriff, der dann in Vergessenheit geriet, weil er leicht missverstanden werden konnte und heute als „Regisseur“ definiert wird. Auch in technischer Hinsicht müssen sie die ihnen anvertrauten Kinder leiten.

Hier habe ich, zwangsläufig unvollständig und kurz gefasst, einige Themen aufgelistet, die in dieser Rolle zu beachten sind:

1. Warum wird gesagt, dass „das Internet für immer“ ist?
   Sobald wir etwas auf einer öffentlichen Website ins Netz stellen, ist es nicht mehr unter unserer Kontrolle.
2. Vorsicht beim Öffnen der Anhänge einer E-Mail!

Viren und Widerwärtigkeiten wie diese lauern hinter jeder Ecke. Normalerweise müssen Sie gut nachdenken, bevor Sie einen Anhang öffnen, auf eine E-Mail antworten oder auf einen Link klicken, der Ihnen angeboten wird (Ich war noch nie im Zoo Zürich, warum sollte ich mir den Zahlungsbeleg ansehen, der mir geschickt wurde? Warum soll ich eine mail auf Deutsch von meinem Freund lesen, der nur Italienisch spricht).

3. Teilen und Privatsphäre:
   Fotos von einem Klassenkameraden zu schicken ist nicht die klügste Sache und Videos auf YouTube werden von jedem gesehen. Nichts versichert mir, dass selbst die vertrauenswürdigsten Leute nicht versucht sind, anderen zu zeigen, was sie erhalten haben.
4. Das Selbstwertgefühl hängt nicht davon ab, wie viele Follower oder Likes ich bekomme.
   „*Hochbekannt auf Facebook zu sein, ist wie reich sein bei Monopoly*", ein weiser Satz von wer weiß wem.
5. Wir kennen und wenden die *Netiquette* an, das sind die Regeln für Verhalten, Ausdruck, gute Bildung und Aufmerksamkeit unter Aspekten der kulturellen Vielfalt, von denen erwartet wird, dass sie in *Online*- und virtuellen Interaktionen verwendet werden.
   Beispiel: Schreiben Sie bitte keine E-Mail nur in Großbuchstaben, weil dies wie ein Schrei wirkt.
6. Bereiten Sie sich auf Katastrophen vor: Backup und Datensicherung.
   Die digitale Kompetenz zeigt sich nicht darin, wie oft Sie pro Minute das Smartphone betätigen.
7. Facebook ist **nicht** das Web!
   Es ist ein schöner, umzäunter Garten, in dem Zuckerberg an Ihrer Arbeit verdient.
   „*Immer häufiger gibt es Lehrer und Schüler, die auf Facebook über schulische Themen sprechen, was wir nicht wollen. (...) Das kommerzielle Modell sozialer Netzwerke ist nicht kompatibel mit dem Bildungsauftrag öffentlicher Schulen*".
   Gut gesagt, deutsches Bundesministerium für Bildung!
8. Apropos geschlossene Gärten: Die meisten Benutzer wissen nicht einmal, dass sie andere Dinge installieren können als diejenigen, die das Gerät vorschlägt. Sie wissen nicht, dass es möglich ist, nach einer App

auf einer Website zu suchen, sie herunterzuladen und zu installieren, geschweige denn überhaupt eine Ahnung davon zu haben. Wo ist die Grenze der Freiheit?
Übrigens habe ich diese Fragen aus zwei Gründen nicht untersucht: Erstens werden sie ausführlich in Veröffentlichungen und Büchern behandelt, die im nächsten Kapitel (z.B. von Mura und Diamantini) erwähnt werden: Zweitens interessiere ich mich mehr für die positive Seite der Beziehung zwischen Technologie und persönlicher Entwicklung, als nur die Gefahren aufzuzeigen.

14. Materialien und Referenzen

AÜ: Abweichend von der Originalfassung dieses Buches in italienischer Sprache ist der Übersetzer in Kapitel 14 (Materialien und Referenzen) wie folgt verfahren:

1. Die Literaturangaben wurden fortlaufend durchnummeriert.
2. Zu den Quellen englischsprachiger Autoren wurde entweder ein Originalzugang im Web angegeben (soweit möglich)
3. Zu den Quellen deutschsprachiger Autoren wurde ein Originalzugang im Web angegeben (soweit möglich).
4. Die ausschließlichlich in italienischer Sprache zugänglichen Quellen blieben unverändert.

14.1. Eine kurze Bibliographie

(1) Patricia Wallace, The Psychology of the Internet, (2016)

(2) Giulia Mura, Davide Diamantini, Studenti e Rete, la cassetta degli attrezzi per insegnanti e genitori, https://www.liceomedivr.gov.it/wp/wp-content/uploads/2016/09/PDF-BOOKLET-studenti-e-rete.pdf

AÜ: https://www.liceomedivr.gov.it/wp/wp-content/uploads/2016/09/PDF-BOOKLET-studenti-e-rete.pdf

Dort zu finden: Vollständiger Inhalt des Textes in Italienisch (85 Seiten) als pdf-Datei

(3) AMI, Same Observations On Technology, „AMI Journal", archival treasure publication (2015) (enthält den Text von Maria Montessori: Introduction on the Use of Mechanical Aids).

AÜ: In deutscher Sprache ist der Text enthalten in: DAS KIND, Heft 58, S. 8–13

(4) Alex Soojung, Kirn Pang, *Dipendenza Digitale,* Edizioni LSWR (2015).

(5) Andrea Ferraresso, Luigi Ferraresso, Enrico Colombini, Giulio Bonanome, *Coding 4–5, Programmare è un gioco,* De Agosti ni (2015).

AÜ: Nähere Informationen: https://www.libreriauniversitaria.it/coding-programmare-gioco-espansione-online/libro/9788851120146

(6) Howard Gardner, Katie Davis: The App Generation: How Today's Youth Navigate Identity, Intimacy, and Imagination in a Digital World, Yale University Press (2013)

(7) Evgeny Morozov, *Internet non salvera il mondo,* Mondadori (2013).

(8) Manfred Spitzer, *Digitale Demenz,* Knaur (2012)

(9) Nick Bilton, *I live in the Future & Here's How It Works: Why Your World, Work & Brain Are Being Creatively Disrupted*

(10) Daniele Fedeli (a cura di), *Il bambino digitale,* Carocci editore (2011) (propone molti material i interessanti per igenitori).

(12) Giovanni Michele Bianco, Simonetta Tinazzi, *Nel Regno di Si Piuh. I personaggi del Regno. Una storia per educare i bambini all 'in formatica,* Terra-Ferrna Edizioni (2007) (nur als e-Buch erhältlich, erfolgreich in einigen Schulen im Trentino verwendet, um zu zeigen, was ein Computer ist).

(13) Francesco Antinucci, *Computer per un figlio,* Laterza (2001) (ein bisschen veraltet, aber mit einigen interessanten Ideen).

(14) Federazione Interregionale Montessori, *Il bambino e l 'eta del computer* (1987) (unauffindbar, wir können sehen, wie das Problem bereits vor dreißig Jahren in der Montessori-Welt betrachtet wurde).

(15) Peter Gebhardt-Seele, *The Computer and the Child, a Montessori Approach,* Computer Science Press, Rockville, Maryland (1985) (AÜ: Ich hätte es gerne gelesen aber ich glaube, ist fast komplett veraltet).

14.2. Andere Artikel

(1) TED-Präsentationen, insbesondere von Ken Robinson (http://www.ted.com/).

(2) Die Zeitschrift Bricks hat interessante Artikel über Technologie in der traditionellen Schule. (http://www.rivistabricks.it/).

(3) Mind Games – Videospiele in der Schule, „Le Scienze“, April 2014, pp. 6–81.

(4) Wie Google dein Gehirn verändert, „Le Scienze“, Februar 2014, pp. 64–67.

(5) Franco Lorenzoni, *Appello perche bimbi e bimbefino a 8 anni siano liberi da schermi e computer nella scuola*

(6) *La scuola che vorrei: alle elementari niente classi ne computer* (http://www.repubblica.it/scuola/2012/12/04/news/appello_perch_bambine_e_bambini_dai_3_agli_8_anni_siano_liberi_da_schermi_e_computer_nella_scuola_-48057286/).

(7) La scuola e la mente (http://www.doppiozero.com/materiali/fuori-busta/la-scuola-e-la-mente).

(8) *The Technology Screen: A Compilation by Three Authors* (https://amiusa.org/wp-content/uploads/2012/03/amiusa-the-technology-screen.pdf)

(9) Il fallimento della Scuola 2.0 (http://inchieste.repubblica.it/it/repubblica/rep-it/2014/06/04/news/il_fallimento_di_scuola_2_0-88030384/).

(10) Richard David Precht, La scuola del futuro,
Ital.: http://www.gabrielesannino.com/stampa2.asp?st=370
Dt.: https://www.zeit.de/2013/16/richard-david-precht-schulsystem

(11) Corrado Petrucco, Costruire mappe per cercare in rete: il metodo Sewcom, TD – „Rivista di Tecnologie Didattiche“, n. 25, 2002, pp. 37–48 (http://www.edscuola.it/archivio/software/sewcom.html).

(12) Greg MacDonald, Technology in the Montessori Classroom – Benefits, Hazards and Preparation for Lif e, „AMI/USA Journal“, 3rd edition 2015, pp. 4–6 (https://files.eric.ed.gov/fulltext/EJ1112230.pdf).

(13) Seth Godin, *Stop Stealing Dreams* (http://sethgodin.typepad.com/files/stop-stealing-dreams6print.pdf) die entsprechende Präsentation: (www.youtube.com/watch?v=sXpbONjV1Jc) und der Artikel auf seinem blog: https://seths.blog/2014/09/the-shameful-fraud-of-sorting-for-youth-meri tocracy/

14.3. Software

Forschungs- und Beratungswerkzeuge

(1) Google Search: http://www.google.de/ auch wenn es nicht die einzige existierende Suchmaschine ist

(2) Wikipedia: de.wikipedia.org, ohne andere Sprachen zu vergessen: fr.wikipedia.org, en.wikipedia.org, it.wilipedia.org ...

(3) SlideShare: www.slideshare.net um Präsentationen zu finden und zu teilen

(4) Google Earth: https://www.google.com/intl/de/earth/

Werkzeuge für mentale und konzeptuelle Karten

(5) CmapTool: cmap.ihmc.us für Concept Maps

(6) XMind: www.xmind.net für MindMap

(7) FreeMind: freemind.sourceforge.net MindMap Editor

(8) FreePlane: www.freeplane.org eine Evolution von FreeMind

(9) Mindomo, MindBoardPro, SimpleMind MindMap für Smartphones oder Tablets

Werkzeuge zum Schreiben oder Präsentationen vorbereiten

(10) Libre Office: www.libreoffice.org für beides, Texte und Präsentationen

(11) Google Drive: drive.google.com benötigt ein Google-Konto und stellt Dokumente, Tabellen und Präsentationen bereit.

(12) Prezi: prezi.com erstellt sehr originelle Präsentationen, aber es funktioniert nicht, wenn Sie *offline* sind

(13) WP Office: für Smartphone oder Tablet

Manipulation von Bildern

(14) GIMP: www.gimp.org sehr mächtig, auch wenn es einige Studien erfordert

(15) Google Drive Pixlr: drive.google.com ein ziemlich vollständiges Bildbearbeitungsprogramm (unter dem Menü: Neu → Andere)

(16) Fotor: www.fotor.com einfach, funktioniert im Browser

(17) Instagram www.instagram.com registrieren und teilen

Gemeinsame Nutzung

(18) Dropbox: www.dropbox.com benötigt eine Registrierung

(19) SlideShare: www.slideshare.net um eine Präsentation zu teilen

(20) YouTube: www.youtube.com Filme teilen

(21) Google Drive: drive.google.com für einen gemeinsamen Schreibvorgang. Sie benötigen ein Google-Konto und die E-Mail-Adressen derjenigen, die Sie zum Teilen einladen möchten

(22) WeTransfer: wetransfer.com teilt nicht wirklich, aber es ist sehr beliebt bei Lehrern zum Austauschen von Material

Kommunikation

(23) Skype: www.skype.com erfordert eine Registrierung. Es erlaubt auch Gruppenanrufe unter mehreren Teilnehmern

(24) WhatsApp: erfordert die Registrierung Ihrer Handynummer. Beachten Sie, dass die Kommunikation für Einzelpersonen oder kleine Gruppen geeignet ist.

Video

(25) Windows Live Movie Maker: ist in Windows enthalten und ist in den meisten Fällen mehr als ausreichend

(26) YouTube Editor: www.youtube.corn/editor zum Bearbeiten eines Videos

(27) AVIdemux: avidemux.sourceforge.net erweiterte Bearbeitung

(28) Jahshaka: www.jahshaka.com professionelles und sehr leistungsfähiges Werkzeug

(29) Lightworks: http://www.lwks.com/ Dies ist auch ein professionelles Werkzeug

(30) FFmpeg: ffmpeg.org Videoformatkonverter

Audio

(31) Free Audio Editor: www.free-audio-editor.com um file audio zu manipulieren

(32) winLAME: winlame.sourceforge.net um Audiodateien zu konvertieren

Nachwort von Wolfgang Wedekind

Fast 73 Jahre alt und kein bisschen weise … so könnte man das durchaus sehen, wenn jemand zum ersten Mal im Leben überhaupt ein Buch übersetzt und noch dazu aus dem Italienischen, einer Sprache, die er noch nicht einmal in der Schule gelernt hat.

Warum ist das geschehen?

Weil es mir darum geht, die Montessori-Pädagogik nicht nur am Leben zu erhalten, sondern dazu beizutragen, in dieser schwierigen Zeit schnelllebiger, häufig digital geprägter Veränderungen das Profil dieser Pädagogik zu schärfen.

Mario Valle stellt in seinem Buch in erfrischend deutlicher Weise klar:

1. Die neuen Technologien haben in Krippe und Kinderhaus nichts zu suchen.
2. Die neuen Technologien haben ihren Platz in der Schule für die Kinder von 6–12 Jahren … und natürlich darüber hinaus.

Valle verdeutlicht auch, dass Maria Montessoris Konzept der Kosmischen Erziehung die Basis der Montessori-Schule darstellt.

„Ziel ist nicht das Vermitteln von Einzelkenntnissen, sondern die Einsicht in die Zusammenhänge und Vernetzungen von Mensch und Welt und die Anleitung zu selbsttätigem Lernen und eigener Vertiefung in unterschiedlichste Aspekte der Gesamtzusammenhänge.“ schreibt Ela Eckert. (S. 10)

Maria Montessori selbst stellt klar:
„Die Erziehung im Alter zwischen 6 bis 12 Jahren ist keine direkte Fortsetzung dessen, was vorher ablief, obwohl sie auf dieser Grundlage aufbaut. Psychologisch gesehen ist hier ein Persönlichkeitswandel erfolgt, und wir erkennen, dass die Natur diese Zeit als eine Periode des Erwerbs der Kultur geschaffen hat, so wie die vorausgegangene eine Zeit für die Absorption der unmittelbaren Umgebung war.“ (1)

Und weiter:

„Nachdem es sich als notwendig gezeigt hat, dem Kind so viel zu geben, sollten wir beginnen ihm eine Vision des Universums zu vermitteln. Das Universum ist eine beeindruckende und achtungsgebietende Realität und es enthält die Antwort zu allen erdenklichen Fragen." (2)

Im deutschsprachigen Raum

„... steht die Kosmische Erziehung ... Verständnisschwierigkeiten gegenüber. (Das*) ... beruht auf einem Missverständnis, das fast 70 Jahre alt, historisch durchaus interessant, aber in der heutigen Zeit einfach nicht mehr als Erklärung haltbar ist*" (3).

So Saskia Haspel, die Präsidentin der Österreichischen Montessori Gesellschaft (ÖMG).

Von den 156 TeilnehmerInnen des ersten deutschsprachigen Montessori-Diplomkurses im Jahr 1954 erwarben 114 das Montessori-Diplom. Davon konnten lediglich 2 an dem 1957 nachfolgenden *Advanced Montessori Course* in London teilnehmen. (DAS KIND H. 51/52, 2012, S. 34 und 37) (4)

„Dieser Tatbestand hat die gesamte weitere Entwicklung der Montessori-Schulpraxis und der Diplom-Lehrgänge in Deutschland über lange Jahre geprägt." (5)

Dank neuerer Entwicklungen (hier seien ausdrücklich die DMG und die ÖMG erwähnt) sind nun Diplom-Ausbildungen möglich, die das volle unverfälschte Spektrum der Montessori-Pädagogik gewährleisten.

Dann wird gewiss auch, so die Hoffnung des Übersetzers, die von Christiane Salvenmoser formulierte Vision wahr:

„Montessori-Pädagogik ist mehr als lieb und nett mit hübschen Materialien mit Kindern zu rechnen, zu schreiben, zu lesen und auch mehr, als mit ihnen die Sterne zu beobachten, Steine zu klassifizieren und spannende Experimente anzubieten. Montessori-Pädagogik muss auch heißen, dass wir als politische Kraft beginnen aktiv zu werden. Nicht, indem wir die Kinder/Jugendlichen dazu missbrauchen, indem wir ihnen die Verantwortung für die Welt aufbürden, sondern indem wir klar

unsere Position beziehen. Dann erst wird die kosmische Erziehung wirklich ihre Wirkung entfalten können, wenn sie authentisch von kosmisch denkenden Menschen vermittelt wird. Und dann wird die Welt – davon bin ich überzeugt – zu einem ein wenig besseren Ort werden." (6)

Bleibt mir nun auch zum Schluss zu danken:

- Den unermüdlichen Montessori-AktivistInnen Dr. Ela Eckert, Dr. Jörg Boysen und PD Dr. Michael Klein-Landeck für die geduldige Durchsicht und Korrektur des Manuskripts.
- Meiner ehemaligen Kollegin Donatella Abate für die Formulierungshilfen insbes. beim Vorwort von Grazia H. Fresco.
- Meiner Frau und Montessori-Lebensgefährtin Christa Wedekind, die mich in den 1980er Jahren mit dem „Montessori-Virus infiziert" hat, so dass wir gemeinsam mit Gleichgesinnten in Göttingen sowohl das Montessori-Kinderhaus, die Montessori-Grundschule und die Montessori-Sekundarschule als Schule des Sekundarbereichs I mit Gesamtschulcharakter sowie den örtlichen Montessori-Verein als auch den Montessori-Landesverband Niedersachsen-Bremen mit seinem jährlichen Norddeutschen Montessori-Tag ins Leben rufen und zahlreiche Diplomkurse und Fortbildungsmaßnahmen veranstalten konnten, für ihre Geduld und Nachsicht während der ungewohnten Übersetzungstätigkeit.
- Und natürlich Veit Hopf vom LIT Verlag sowie Prof. Dr. Harald Ludwig für die Möglichkeit, das Buch in die Bände der Reihe „Impulse der Reformpädagogik" einzuordnen.

Göttingen, im Herbst 2018
Wolfgang Wedekind

Anmerkungen

zum Vorwort von Grazia Honegger Fresco

Hinweis: Die Anmerkungen zu diesem Vorwort wurden sämtlich vom Übersetzer getätigt. Sofern keine aussagekräftige Quelle in deutscher Sprache auffindbar war, wurde auf solche in englischer bzw. italienischer oder französischer Sprache zugegriffen.

(1) https://de.wikipedia.org/wiki/Alfred_Adler

(2) https://fr.wikipedia.org/wiki/Henri_Wallon_(1879-1962)

(3) Informationen zum BIE in Genf: http://www.ibe.unesco.org/en https://en.wikipedia.org/wiki/International_Bureau_of_Education

(4) https://en.wikipedia.org/wiki/Adolphe_Ferri%C3%A8re

(5) https://it.wikipedia.org/wiki/Lamberto_Borghi

(6) https://de.wikipedia.org/wiki/Aldo_Capitini

(7) https://www.scuolafasolo.net/wp-content/uploads/2016/02/a-scuola-insieme.pdf

(8) https://de.wikipedia.org/wiki/Margherita_Zoebeli

(9) Fundstelle zu Aldo Pettini: https://it.wikipedia.org/wiki/Movimento_di_Cooperazione_Educativa

(10) Fundstelle zu Guiseppe (Pino) Tamagnini https://it.wikipedia.org/wiki/Movimento_di_Cooperazione_Educativa

(11) https://de.wikipedia.org/wiki/C%C3%A9lestin_Freinet

(12) https://en.wikipedia.org/wiki/Lorenzo_Milani

(13) https://www.gutzitiert.de/zitat_autor_tomasi_di_lampedusa_thema_dauer_zitat_5911.html Wenn wir wollen, dass alles so bleibt, wie es ist, dann ist es nötig, dass sich alles verändert.
QUELLE: Der Leopard (Il gattopardo), Übersetzung von Charlotte Birnbaum. 1. Kapitel (Tancredi zu Fürst Salina), Piper-Verlag, 1959, S. 32

(14) Dort befindet sich in Rom das Ministerium für Bildung.

(15) Italienisch: BES = Bisogni educativi speciali; Deutsch: Sonderpädagogischer Förderbedarf

(16) Nido (dt.: Nest) ist die ital. Bezeichnung für Montessori (Kinder-) Krippe
AÜ: Ein Interview in italienischer Sprache mit Grazia H. Fresco, einer der noch lebenden direkten Schülerinnen Maria Montessoris, finden Sie unter: https://www.youtube.com/watch?v=uCCPV38gfoc
Weitere Infos zu Grazia H. Fresco:
http://www.massaggio-infantile.it/autori/grazia-honegger-fresco/
https://www.macrolibrarsi.it/autori/_grazia_honegger_fresco.php

http://www.massaggio-infantile.it/autori/grazia-honegger-fresco/
https://www.macrolibrarsi.it/autori/_grazia_honegger_fresco.php

Zu den Anmerkungen des Autors Mario Valle

Der italienischsprachige Autor Mario Valle bezieht sich teilweise auf Zitate aus den italienischen Ausgaben der Werke Montessoris. Seine Zitate sind daher zum großen Teil nach diesen Vorlagen übersetzt und mit den italienischen Quellen angegeben.

Sofern sich der Autor sich auf Zitate aus anderssprachigen Ausgaben bezieht, sind diese mit den entsprechenden Quellen angegeben.

Ist der Zahl in der Anmerkungsnummer ein „Ü" nachgestellt, handelt es sich um eine Anmerkung des Übersetzers.

Anmerkungen zu Kapitel 1

(1) Wenn ich im Folgenden „Lehrer" schreibe, beabsichtige ich auch die – leider zu seltenen – Montessori-Lehrerinnen einzubeziehen.

(2) Einige Ideen für Eltern finden sich zum Beispiel in Kapitel 14 des Buches von Daniele Fedeli, Das digitalisierte Kind, Carocci editore, 2011, und im Projekt von Stéphane Chaudron: Junge Kinder (0–8) und Digitaltechnik, Gemeinsame Forschungsstelle, Bericht EU R 27052 EN, 2015

(3) Technisches Album: ein echtes Vademecum, das während der Montessori-Kurse vorbereitet wird, das die Erklärung und den Gebrauch aller Montessori-Materialien sammelt und den Lehrer während seiner gesamten Schullaufbahn unterstützt und begleitet.

(4) In dieser Hinsicht gibt es einige nette TED-Präsentationen, wie zum Beispiel: Nicholas Negroponte bringt den OLPC nach Kolumbien (wwv.ted/talks/nicholas_negroponte_takes_olpc_to_colombia), oder Sugata Mitra e il suo progetto Buco nel Muro (www.ted.com/talks/sugata_mitra_shows_how_kids_teach_themselves)

(5) Marc Prensky gilt als einer der weltweit führenden Experten für die Verbindung zwischen Lernen und Technologie. Seine Website (www.marcprensky.com) hat eine große Auswahl an Artikeln und verschiedenen Schriften über Jugend, Schule und Technologie. Marc hat den Ausdruck „Digital Natives" geprägt in

seinen *Digital Natives, Digital Immigrants Teil 1*, veröffentlicht in: „On the Horizon", vol. 9, n. 5, 2001, pp. 1–6

(6) Das Rechenzentrum ist international als das Schweizerische Superrechenzentrum (www.cscs.ch) bekannt.

(7) Meine Veröffentlichungen: mariovalle.name/publications

(8) Meine Gedanken zu Montessori: mariovalle.name/montessori

(9) Ich beschäftige mich mit den Parallelen zwischen meiner Arbeit und Montessoris Ideen in: Mario Valle: *Supercalculatori e superbambini*, in: „Il Quaderno Montessori", vol. 100, 2009, S. 9 – 15.

Anmerkungen zu Kapitel 2

(1Ü)

AÜ: „… ihre Abschlussnote betrug 137 von 150 möglichen Punkten, ein beachtliches Ergebnis." Quelle: Kramer, Rita: Maria Montessori, Frankfurt 1995 (Fischer), S. 40

(2Ü)

AÜ: Sie studierte dort „… Physik, Mathematik und Naturwissenschaften … mit einer Abschlussnote von acht von zehn möglichen Punkten.
… das *Diploma di licenza* … berechtigte – abgesehen von dem Umstand, dass sie eine Frau war –, mit dem wirklichen Medizinstudium zu beginnen … ". (a.a.O., S. 42)

(1) Diese Sonderausgabe des „AMI Journal", einer 2015 erschienenen Zeitschrift der Association Montessori Internationale (AMI), berichtet über den Text von Maria Montessori: *„Introduction in the Use Of Mechanical Aids"*
Geschrieben wurde er wahrscheinlich während ihrer Jahre in Indien (1940–1947). Dieses kurze Dokument war wohl als Einführung in ein Buch von einem unbekannten Autor gedacht, der offenbar den Einsatz von technischen Hilfsmitteln in Indien befürwortete in dem Bemühen, in den Schulen dieses riesigen Landes so viele Schüler wie möglich zu erreichen.
Anmerkung des Übersetzers:
Der Text ist in deutscher Sprache veröffentlicht:

(2) Maria Montessori, Einige Betrachtungen zu technischen Hilfsmitteln im Bildungswesen, in: DAS KIND, Heft 58 (2016), Seite 8–13
Montessori nimmt das Argument auf in: Dall'infanzia all'adolescenza, Franco Angeli 2009 p. 127.

(3) Warren Buckleitner, *What Would Maria Montessori Say About the iPad?* Children's Technology Review, 2010, pp. 5–7, URL: http://childrenstech.com/blog/archives/2045

Anmerkungen zu Kapitel 3

(1Ü) Näheres unter: https://it.wikipedia.org/wiki/Enciclopedia_Treccani

(1) Diese Passage von Douglas Adams erschien am 29. August 1999 zum ersten Mal in der News Review der „Sunday Times", sein *Guida galattica per gli autostoppisti* wurde veröffentlicht von Oscar Mondadori 2014.
AÜ: Adams, Douglas: Per Anhalter durch die Galaxis, deutsche Ausgabe: https://de.wikipedia.org/wiki/Per_Anhalter_durch_die_Galaxis_(Romanreihe)

(2) Internet und *web* sind nicht dasselbe. *Internet* meint das globale Netzwerk, auf dem Daten übertragen werden. Das *World Wide Web*, besser bekannt als das *Web* oder das *Netz*, ist einer von vielen Diensten, welche die Architektur des *Internets* verwenden, wie E-Mail und Film-*Streaming*.

(3) Für die wenigen, die es noch nicht wussten:*Softwareanwendungen* für *Smartphones* und *Tablets* werden *Apps* genannt.

(4) Ich nehme es als selbstverständlich an, dass Leser wissen, was ein LIM ist. Wenn nicht, Wikipedia definiert es so: „Die digitale Tafel, die auch als LIM oder elektronischen Whiteboard bezeichnet wird, ist eine interaktive Oberfläche, auf der es möglich ist, zu schreiben, zu zeichnen, Bilder einzufügen, Text im Display, Video oder Animation abspielen Der Inhalt, auf der Tafel angezeigt und verarbeitet, kann dann dank einer speziellen Präsentationssoftware digitalisiert werden."

(5) „Wearable" Videoeameras, resistent gegen Wasser und andere Auswirkungen. Die bekanntesten sind die der Marke GoPro (it.gopro.com).

(6) Interessante Beispiele für Simulationsprogramme sind *GeoGebra* (www.geogebra.org/cms/it) für Geometrie, *Celestia* (www.shatters.net/celestia) für Astronomie und *Labster* (www.labster.com) für Chemie.

(7) Virtual Reality ist es, mit stereoskopischen Viewern wie Oculus Rift oder Google Cardboard in eine Computerwelt einzutauchen. In der erweiterten virtuellen Realität werden virtuelle Objekte wie auch Pokemon Go erzeugt.

(8) Die virtuelle Welt von *Second Life* (secondlife.com).

(9) *Makey Makey* ist ein Kit zum Mischen von Elektronik und Alltagsgegenständen (makeymakey.com).

(10) Einige Beispiele: *ROSE -Remotely Operated Science Experiment* (ldt.stanford.edu/educ39109/POMI/ROSE), *The Go-Lab Project* (wwvv.go-Lab-project.eu), *The Fau!kes Teleskope Project* (www.faulkes telescope.com).
(11) Die Sprache *Scratch* (scratch.mit.edu), entstanden beim MIT, funktioniert sehr gut mit *Makey Makey* und wird von einer großen Gemeinschaft von Benutzern unterstützt.
(12) *Blockly* (blockly-games.appspot.com) und als „Spiel für die Programmierer von morgen" präsentiert und ist *Scratch* ähnlich.
(13) *Projekt Bloks* (projectbloks.withgoogle.com) um spielerisch programmieren zu lernen, wurde im Jahr 2013 in Italien entwickelt; befindet sich auf www.hwupgrade.it/news/web/google-project-bloks-per-imparare-a-programmare-con-i-giocattoli_63377.html
(14) Zum Beispiel *SCiO,* publiziert als der erste molekulare Taschensensor (www.consumerphysics.com/myscio).
(15) *Eight Apps That Turn Citizens into Scientists* (www.scientificamerican.com/article/8-apps-that-turn-citizens-into-scientists)
(16) *Five Android apps that use your smartphone to help scientific projects* (www.phonearena.com/news/5-Android-Apps-that-use-your-smartphone-to-help-scientific---projekts_id79021).
(17) Gehirn-Computer-Schnittstellen wie die von *NeuroSky* (store.neurosky.com) oder die professionellen von *Emotiv* (www.emotiv.com).

Anmerkungen zu Kapitel 4

(1) Daniele Novara, Metodo Montessori: meglio del digitale, „Un Pediatra Per Amico", 19. März 2014, URL: www.uppa.it/educazion/scuola/la-scuola-montessori
(2) Maria Montessori, *La mente de! bambino,* Garzanti, 2012, p. 22.
(3) Maria Montessori, *Dall'infanzia all'adolescenza,* FrancoAngeli 2009, pp. 51–61
(4) Das Bild des Kindes, das mit seinen Großeltern über Skype spricht, findet sich beispielsweise auf: cheezburger.com/8805656064/hideo-kojima-video-games-cute-japanese-baby-wiping-tears
(5) Den Film *A Magazine ls an iPad That Does Not Work* finden Sie hier: www.youtube.com/watch?v=aXV-yafmQNk
(6) Maria Montessori, *La mente del bambino,* Garzanti 1999, p. 2.
(7) Il laboratorio di Alison Gopnik (www.alisongopnik.com) e il suo libro *La scienziato nella culla,* Baldini & Castoldi 2015.

(8) Zum assoziativen Lernen siehe: *Una selezione di grandi miti sullo sviluppo del bambino* http://neuropsicolab.blogspot.de/search?q=una+selezione+di+grandi +miti

(9) Ich danke Grazia Honegger Fresco, dass sie mich auf diesen wichtigen Aspekt der kindlichen Entwicklung aufmerksam gemacht hat.

(10) Das *One-Laptop-Per-Child-Projekt* (one.laptop.org) zielt darauf ab, jedem Kind, besonders in den am meisten benachteiligten Gebieten der Welt, spezielle benutzerfreundliche Laptops mit geringem Verbrauch zu geben, einfach zu bedienen, damit die Kinder dies selbstgesteuert lernen können.

(11) *Ethiopian kids hack OLPCs in 5 months with zero instruction* (surrogateself.tumblr.com/post/35140094580/ethiopian-kids-hack-olpcs-in-5-months-with-zero).

Anmerkungen zu Kapitel 5:

(1) Es ist nicht ganz richtig, denn es stellte sich heraus, dass zwei mit der Größe des Gehirns assoziierte Gene (ASPM und Microcephalin) sich in unserer DNA schnell verändern. Dies sind Varianten, die in letzter Zeit entstanden sind und sich schnell ausbreiten, wobei „neu" vor etwa 37.000 und 5.800 Jahren bedeutet. Die Analysen haben keinen vernünftigen Zusammenhang zwischen dieser Entwicklung und einem Anstieg der menschlichen Intelligenz gefunden.
Die Studien sind:
Nitzan Mekel-Bobrov et al., Ongoing adaptive evolution of ASPM, a brain size determinant in Homo sapiens, „Science", vol. 309, n. 5741, September 9, 2005, pp. 1720–1722, DOI: 10.1126/ science. 1116815 e Patrick D. Evans et al., Microcephalin. a gene regulating brain size, continues to evolve adaptively in humans, „Science" \ vol. 309, n. 5741, September 9, 2005, pp. 1717–1720

(2) Es wird die fluide Intelligenz genannt, die Fähigkeit, Probleme zu lösen, die zuvor noch nie aufgetreten sind. Die kristallisierte Intelligenz ist hingegen die Intelligenz in ihrer klassischen Bedeutung: https://de.wikipedia.org/wiki/Fluide_Intelligenz

(3) Sara L. Bengtsson, Zoltan Nagy, Stefan Skare, Lea Forsman, Hans Forssberg, Fredrik Ullen, *Extensive piano practicing has regionally specific effects on white matter development,* „Nature Neuroscience", vol. 8, n. 9, August 7, 2005, pp. 1148–1150
Die weiße Substanz besteht aus dem Myelin, das die neuralen Verbindungen isoliert und ihre Geschwindigkeit erhöht.

(4) Anne-Dominique Gindrat, Magali Chytiris, Myriam Balerna, Eric M. Rouiller, Arko Ghosh, *Use-Dependent Cortical Processing from Fingertips in Touchs-*

creen Phone Users, „Current Biology", vol. 25, n. 1, December 2014, pp. 109–116

(5) James R. Flynn, *Massive IQ gains in 14 nations: What IQ tests really measure,* „Psychological Bulletin", vol. 101, n. 2, 1987, pp. 171–191, DOI: 10.1037/0033-2909.101.2.171
Hinweis des Übersetzers: https://de.wikipedia.org/wiki/Flynn-Effekt

(6) Thomas W. Teasdale, David R. Owen, *Secular declines in cognitive test scores: A reversal of the Flynn Effect,* "Intelligence", vol. 36, n. 2, 2008, pp. 121–126

(7) Kyung Hee Kirn, *The Creativity Crisis: The Decrease in Creative Thinking Scores on the Torrance Tests of Creative Thinking,* "Creativity Research Journal", vol. 23, n. 4, 2011, pp. 285–295

(8) Manfred Spitzer: *Digitale Demenz: Wie wir uns und unsere Kinder um den Verstand bringen,* Droemer-Knaur 2012

(9) Nicholas Carr, *Is Google Making Us Stupid?,* "'The Atlantic", July/August 2008, URL: www.theatlantic.com/magazine/archive/2008/07/is-google-makin g-us-stupid/306868

(10) Maria Salvadori, *Cosa sappiamo circa l ,efficacia della LIM nel contesto scolastico?* "Form@re", n.78, 2012, pp. 4–1 0, URL: www.fupress.net/index.php/formare/article/view/1259l

(11) Harrington Emerson gilt als der Vater des wissenschaftlichen Managements (en.wikipedia.org/wiki/Harrington_Emerson).

(12) Marian C. Diamond, Rosalie E. Greer, Alison York, David Lewis, Tamara Barton, James Lin, Rat Cortical Morphology Following Crowded-Enriched Living Conditions, „Experimental Neurology", vol. 96, n. 2, 1987, pp. 241–247

(13) Es wurden keine signifikanten Korrelationen zwischen der Verwendung von Touchscreens und der Motor- und Sprachentwicklung gefunden: Rachel Bedford, Irati R. Saez de Urabain, Celeste, C.H. Cheung, Annette Karmiloff-Smith, Tim J. Smith *,Toddlers' Fine Motor Milestone Achievement Is Associated with Early Touchscreen Scrolling*, „Frontiers in Psychology", vol. 7, n. 1108, 2016

(14) Maria Montessori, La mente del bambino, Garzanti 1999, p. 144.

(15) Giacomo Rizzolatti, Corrado Sinigaglia, *So quel ehe fai. 11 cervello che agisee e i neuroni specchio,* Raffaello Co1iina Editore, 2006 p. 3.

(16) Adele Diamond, *Close correlation of Motor Development and Cognitive development and of the Cerebellum and Prefrontal Cortex*, „Child Development", vol. 7 1, n. 1, 2000, pp. 44–56

(17) Rodney M.J. Cotterill, *Cooperation of the basal ganglia, eerebellum, sensory cerebrum and hippocampus: possible implications for cognition, conscious-*

ness. intelligence and creativity, „Progress in Neurobiology", vol. 64, n. 1, May 2001, pp. 1–33

(18) Leonard F. Koziole, Deborah Ely Budding, *Subcortical Structures and Cognition*, Springer-Verlag New York, 2009

(19) Alain Berthoz, *La semplessità*, Code Edizionioni, 2011 p. 24. Ein ähnliches Argument verwendet Daniel Wolpert in seinem Vortrag TED: Die Daseinsberechtigung des Gehirns (www.ted.com/talks/daniel_wolpert_the_real_reaso n_for_brains).

(20) Maria Montessori, La mente del bambino, Garzanti, 1999 p. 140.

(21) Fréderic Vallée-Tourangeau, Sune Vork Steffensen, Gaelle Vallée-Tourangeau, Miroslav Sirota, *Insight with hands and things,* „Acta Psychologica", 2016, vol. 170, n 195

(22) Maria Montessori, La mente del bambino, Garzanti, 1999, p. 150.

(23) *The Goldin-Meadow Laboratory* (goldin-meadow-lab.uchicago.edu) konzentriert sich auf das Studium der nonverbalen Kommunikation, insbesondere durch Gesten.

(24) Jana M. Iverson, Susan Goldin-Meadow, *Why people gesture when they speak,* „Nature", vol. 396, n. 6708, November 19, 1998, p. 228

(25) Susan Goldin-Meadow, Susan M. Wagner, *How our hands help us learn*, „Trends in Cognitive Sciences", vol. 9 n. 5, May 2005, pp. 234–241

(26) Mitchell J. Nathan, Chelsea V.J. Martinez, *Gesture as model enactment: the role of gesture in mental model construction and inference making when learning from text,* „Learning: Research and Practice", vol. 1, n.1, 2015, pp. 4–37

(27) Jackie Andrade, *What Does Doodling do?,* „Applied Cognitive Psychology", vol. 24, n. 1, 2010, pp. 100–106

(28) Maria Montessori, La mente del bambino, Garzanti, 2012, p. 6.

(29) George M. Bodner, Constructivism: A Theory of Knowledge, „Journal of Chemical Education", vol. 63, n. 10, 1986, pp. 873–878

(30) Roger N. Shepard, Jacqueline Metzler,*Mental Rotation of Three-Dimensional obiects,* "Science, New Series", vol. 171, n.3972, 1971, pp. 701–703, Im Experiment musste man beurteilen, ob dieselben Objekte aus den gleichen Objekten stammen oder nicht, die es in verschiedenen Posen gedreht darstellten. Die Entscheidungszeit war proportional zum Winkel zwischen ihnen.

(31) Hilary E. Miller, Haley A. Vlach, Vanessa R. Simmering, *Producing Spatial Words Is Not Enough: Understanding the Relation Between Language and Spatial Cognition,*"Child Development", 2016

(32) Brian N. Verdine, Roberta M. Golinkoff, Kathryn Hirsh-Pasek, Nora S. Newcombe, Andrew T. Filipowicz, Alicia Chang, *Deconstructing Building Blocks:*

Preschoolers' Spatial Assembly Performance Relates to Early Mathematical Skills, „Child Development", vol. 85, n.3, May/June 2014, pp. 1062–1076

(33) Aus der Präsentation „Montessori e psicomatematica" von Benedetto Scoppola.

(34) In der Neuausgabe der *Methode der wissenschaftlichen Pädagogik*, d.i. *Die Entdeckung des Kindes*, Garzanti, 1999 (*Metodo della pedagogia scientifica* che è *La scoperta del bambino*, Garzanti, 1999) wurde der berichtete Satz vom Autor entfernt, der immer noch von Muskelgedächtnis auf pp 215 und 232 spricht.

(35) Jeffrey D. Wammes, Melissa E. Meade, Myra A. Fernandes, *The drawing effect: Evidence for reliable and robust memory benefits in free recall,* „The Quarterly Journal of Experimental Psychology", vol. 69, n.9, 2016, pp. 1752–1776

(36) Die TED-Präsentation von James Patten: *Die beste Computerschnittstelle? Vielleicht ... deine Hände!* (https://www.ted.com/talks/james_patten_the_best_computer_interface_maybe_your_hands) und seine anderen Arbeiten (www.pattenstudio.com) können uns eine Vorstellung von diesem Studienfach geben.

(37) *Block Magic* war ein europäisches Projekt, das 2013 endete (www.blockmagic.eu).
Seine Präsentation, die sogar von Montessori 2.0 spricht, findet sich auf: thebizloft.com/rfid-nella-scuola-nfc-block-magic/

(38) *Leap Motion*, die gestische Schnittstelle (Gebärdenschnittstelle), die Maus und Tastatur ersetzen soll (www.leapmotion.com).

(39) Christianne Falcao, Ana Catarina Lemos, Marcelo Soares, *Evaluation of Natural User Interface: A Usabiliry Study Based on The Leap Motion Device,* „Procedia Manufacturing", vol. 3, 2015, pp. 5490–5495

(40) *A Brief Rant on the Future of Interaction Design* (http://worrydream.com/ABriefRantOnTheFutureOfInteractionDesign/).
Bergströms Satz wird vor allem in den Waldorf-Steiner-Schulzeitschriften zitiert, die sich mit manuellen Tätigkeiten befassen, aber die ursprüngliche Referenz bleibt unbekannt. Erschwerend: Matti Bergström kommt nur in den nordischen Versionen von Wikipedia vor.
AÜ: Artikel aus der Dänischen Version von Wikipedia (https://da.wikipedia.org/wiki/Matti_Bergstr%C3%B6m)

(41) Maria Montessori, *Educazione e Pace*, Garzanti, 1970, pp. 122–123.
AÜ: Dt.: Frieden und Erziehung, Montessori, Maria. – Freiburg (im Breisgau), Basel, Wien: Herder, 1973

ot/Reed_Kindle_report.pdf) sind interessant, aber nicht so sehr für eine eventuelle Anwendung.

(62) Andrea Nardi, *E-textbooks and digital reading: where do we stand?,* „TD Tecnologie Didattiche“, vol. 24, n. 1, pp. 13–19, luglio 2016

(63) *How Little Do Users Read?* (www.nngroup.com/articles/how-little-do-users -read).

(64) Giacomo Rizzolatti, Corrado Sinigaglia, cit. p. 3.
Deutscher Titel: Giacomo Rizzolatti, *Empathie und Spiegelneurone: Die biologische Basis des Mitgefühls;* Frankfurt am Main.: Suhrkamp, 2008

(65) In den Jahren 2015/2016 hat Dr. Antonella Galgano ihre Arbeit verfasst über Bildungsdifferenzierung für die Grundschule, orientiert an Montessori: „Montessori und die Spiegelneuronen“, woraus einige der hier berichteten Passagen stammen.

(66) Giacomo Rizzolatti, Corrado Sinigaglia, cit. p. 66. s. Anm. (64)

(67) Marc Prensky, Digital Game-Based Learning, Paragon House 2007, p. 55.A p. 38 definiert die Games Generation nicht als eine bestimmte Altersgruppe, sondern als *„eine Gruppe von Arbeitern, die alltägliche Rätsel gelöst haben … Zivilisation gebaut … Kriege gekämpft, nicht ein- oder zweimal, sondern immer wieder und wieder, für Stunden und Stunden, Wochen und Monate, bis sie wirklich gut darin waren.“*

(68) Richard W. Hamming, *Numerical methods for scientists and engineers,* „Dover Publications“ 1987, p. 3.

(69) Martin S. Banks, Richard N. Aslin, Robert D. Letson, *Sensitive period for the development of human binocular vision*, „science“, vol. 190, n. 4215, 1975, pp. 675–677

(70) Peter Winterstein, Robert J. Jungwirth, *Medienkonsum und Passivrauchen bei Vorschulkindern*, „Kinder- und Jugendarzt“, 37. Jg. 4/2006; pp. 205–211, http://kinder-undjugendarzt.de/download/angesagte_beitraege/Medienkonsum_und_Passivrauchen_bei_Vorschulkindern_BS.pdf

(71) Stephen M. Kosslyn, *Le immagini della mente,* Giunti 1999.
AÜ: Englischsprachiger Text: *Image and Brain* oder *Image and Mind*

(72) Susan Greenfield, *Brain Story,* BBC Worldwide, London 2000, http://www.infocobuild.com/books-and-films/science/brain-story-bbc.html

(73) Frank H. Durgin, *The Tinkerbell Effect; Motion Perception and Illusion*, „Journal of Consciousness Studies“, vo1. 9, n.5–6, 2002, pp. 88–101, https://works.swarthmore.edu/fac-psychology/28/

(74) Jedes Auge hat ungefähr 120 Millionen Stäbchen (empfindlich für Helligkeit) und 6 Millionen Zapfen (farbempfindlich). Auf der anderen Seite hat der Sehnerv zwischen 770 Tausend und 1,7 Millionen Nerven, die das Signal zum

lateralen Knochenkörper im Gehirn tragen. Es gibt eine weitere Reduzierung, bevor die visuelle Information an den primären visuellen Corel weitergeleitet wird wo schätzungsweise einige hundert Informationen pro Sekunde in die bewusste Wahrnehmung einbezogen werden.

(75) Alvaro Pascual-Leone, Nguyet Dang, Leonardo G. Cohen, Joaquim P. Brasil-Neto, Angel Cammarota, Mark Hallet, *Modulation of muscle responses evoked by transcranial magnetic stimulation during the acquisition of new fine motor skills,* „Journal of Neurophysiology", vol. 74, n. 3, 1995, pp. 1037–1045, https://www.physiology.org/doi/abs/10.1152/jn.1995.74.3.1037

(76) Bruno Munari, *Fantasia*, Laterza 1998. La frase citata è a p. 15.

(77) 1932 mit Stephan Cohn-Vossen geschrieben.
Deutsch; Anschauliche Geometrie https://www.libreriauniversitaria.it/geometria-intuitiva-hilbert-david-bollati/libro/9788833927459
Text daraus:
Das schlagende Herz dieses Buches ist eine Vorlesung, die 1920–21 in Göttingen stattfand und die mit Änderungen und Ergänzungen von Stephan Cohn-Vossen bearbeitet wurde. Hilbert entlarvt die Argumente der Geometrie durch intuitive Konzepte und die direkte räumliche Erfahrung der Formen, ohne die mathematische Analyse selbst für jene Teile der Geometrie zu verwenden, für die sie ausschließlich zur Berechnung verwendet wird. Der Band wird vervollständigt durch den Beitrag von Pavel S. Aleksandrov über „Die ersten Grundlagen der Topologie", speziell geschrieben im Jahre 1932.

(78) Eleanor Roosevelt, *You Learn by Living; Eleven Keys for a More Fulfilling Life,* HarperPerennial 2011.

(79) Maria Montessori, L'autoeducazione, Garzanti 2007, p. 219.

(80) Maria Montössori, Dall'infanzia all'adolescenza, FrancoAngeli 2009, p. 56.

(81) Maria Montessori, Come educare il potenziale umano, Garzänti 2007, p. 30.

(82) Informationen über Mihály Csíkszentmihályi auf: https://de.wikipedia.org/wiki/Mih%C3%A1ly_Cs%C3%ADkszentmih%C3%A1lyi

(83) Mihály Csíkszentmihályi, *Flow: The Psychology of Optimal Experience*, Harper Perennial 1990 und *Finding Flow: The Psychology of Engagement With Everyday Life*, Basic Books 1997

(84) Mihály Csíkszentmihályi, *Flow: The Psychylogy of Optimal Experience*, cit p. 4

(85) Kevin Rathunde, *Montessori education and optimal experience: a framework for new research*, „The NAMTA Journal", vol. 26, n. 1, 2001, pp. 11–43, www.montessori-namta.org/PDF/rathundeframework.pdf
Rathunde sprach auf der von der Associazione Montessori Brescia 2014 veranstalteten Tagung über seine Studien: *La mente del bambino: Maria Montessori*

e le Neuroscienze veröffentlicht von Il leone verde (2015): www.leoneverde.itl a-mente-del-bambino/LV00447

(86) Mihály Csíkszentmihályi, cit. pp. 48–67.

(87) Seth Herd, Brian Mingus, Randall O'Reilly, *Dopamine and self-directed learning*, In: Proceedings of the 2010 conference on Biologically Inspired Cognitive Architectures 2010: Proceeedings of the First Annual Meeting of the BICA Society, Alexei V. Samsonovich, Kamilla R. Jóhannsdóttir, Antonio Chella, and Ben Goertzel (eds.), IOS Press, 2010, pp 58–63, https://grey.colorado.ed u/mediawiki/sites/mingus/images/c/c0/HerdMingusOReilly10.pdf

(88) Eine Zusammenfassung der Studie finden Sie unter: www.tomshw.it/news/a bbiamo-la-soglia-di-attenzione-peggiore-di-un-pesce-rosso-colpa-della-tecn ologia-66295

(89) Michael D. Melnick, Bryan R. Harrison, Sohee Park, Loisa Bennetto, Duje Tadin, *A Strong Interactive Link between Sensory Discriminations and Intelligence*, „Current Biology", vol. 23, n. 11, 2013, pp. 1013–1017

(90) Eyal Ophir, Clifford Nass, Anthony D. Wagner, *Cognitive control in media multitaskers*, „PNAS", vol. 106, n. 37, 2009, pp. 15583–15587, DOI: 10.1073/pnas.0903620106

(91) Joshua Rubinstein, David Meyer, Jeffrey, Evans, *Executive Control of Cognitive Processes in Task Switching*, „Journal of Experimental Psychology: Human Perception and Performance", vol. 27, n. 4, 2001, pp. 763–797

(92) Shamsi T. Iqbal, Eric Horvitz, *Disruption and Recovery of Computing Tasks: Field Study, Analysis, and Directions*, Proceedings of the SIGCHI Conference CHI '07,2007, pp. 677–686
Für ein diskursiveres Beispiel:
Joel Spolsky, *Human Task Switches Considered Harmful*, February 12, 2001, URL: www.joelonsoftware.com/2001/02/12/human-task-switches-considered -harmful

(93) Russell Poldracks Forschung wird erwähnt in: www.thenewatlantis.com/pub lications/the-myth-of-multitasking

(94) Geoff Kaufman, Mary Flanagan, *High-Low, Split: Divergent Cognitive Construal Levels Triggered by Digital and Non-digital Platforms*. In Proceedings of the 2016 CHI Conference on Human Factors in Computing Systems (CHI '16), 2016, ACM, New York, NY USA, pp. 2773–2777

(95) Linda Stones Studie (lindastone.net/qa/continuous-partial-attention) war erweitert um Astrid Carolus und Jens Binder, die die Rolle des digitalen Begleiters des Smartphones untersuchten, der in vielen Fällen eine Reihe von psychologischen Prozessen ersetzt, die typischerweise auf menschliche Bezie-

hungen beschränkt sind. (https://media.kaspersky.com/pdf/Carolus-et-al-DigitalCompanion-ResearchReport.pdf)

(96) Alex Soojung, Kim Pang, Dipendenza Digitale, Edizioni LSWR 2015.

(97) Martha Nussbaum, *Cultivating Humanity: A Classical Defense of Reform in Liberal Education*, Harvard University Press 1997, p. 34.

(98) Maria Montessori, *Come educare il potenziale umano*, Garzanti 2007 pp. 36–38.
Montessori verbindet sich mit den Theorien bezüglich der Erinnerung an Richard Semon (https://de.wikipedia.org/wiki/Richard_Semon), auch wenn er sie mehr als biologische statt als psychologische Theorien betrachtet.

(99) Raul Rodriguez-Esteban, Andrey Rzhetsky, *Six senses in the literature*, „EMBO reports", vol. 9, n. 3, 2008, pp. 212–215

(100) Pew Research Center, *How Teens Do Research in the Digital World,* 2012, URL: www.pewinternet.org/2012/11/01/how-teens-do-research-in-the-digital-world

(101) Eine Übersicht der exekutiven Funktionen findet sich unter: https://de.wikipedia.org/wiki/Exekutive_Funktionen

(102) Adele Diamond, Kathleen Lee, *Interventions Shown to Aid Executive Function Development in children 4 to 12 Years old*, „Science", vol. 333, n. 6045, 2011, pp. 959–964

(103) Anne Gabrielle Eva Collins, Michael Joshua Frank, *Motor Demands Constrain Cognitive Rule Structures*, „PloS Computational Biology", vol. 12, n.3, 2016, p. e1004785

(104) Deena Skolnick Weisberg, Hande llgaz, Kathy Hirsh-Pasek, Roberta Golinkoff, Ageliki Nicolopoulou, David K. Dickinson, *Shovels and swords: How realistic and fantastical themes affect children's word learning*, „Cognitive Development", vol. 35, 2015, pp. 1–14
https://www.sas.upenn.edu/deenas/papers/weisberg-et-al-cogdev-2015.pdf
Eine Zusammenfassung in italienischer Sprache befindet sich in: Deena Weisberg, *Il vantaggio della fantasia*, „Mente&Cervello", n. 139, Juli 2016. http://www.lescienze.it/mente-e-cervello/2016/06/27/news/m_c_luglio_2016--3141868/?refresh_ce

Anmerkungen zu Kapitel 6

(1) Camillo Grazzini, Un'evoluzione all'insegna della bellezza; storio del materiale. Montessori, „Il Quaderno Montessori", n. 78, 2003, p. 6–16.

(2) Seite über neue Technologien auf der Website der Operà Nazionale Montessori: www.operanazionalemontessori.it/index.php?option:com_content&task=view&id=27
(3) LEGO MINDSTORMS kombiniert LEGO Elemente mit einem programmierbaren Baustein, Motoren und Sensoren. Die Programmierung erfolgt mit Software, die auf einem Tablet oder PC installiert ist.
https://www.lego.com/de-de/mindstorms
(4) Zwei sehr überzeugende Beispiele sind die TED-Präsentationen von Toby Shapshak: *You don't need an app for that,* (www.ted.com/talks/toby_shapshak_you_don_t_need_an-app-for-that) und von Seema Bansal: *How to fix a broken education system ... without any more money,* (www.ted.com/talks/seema_bansal_how_to_fix_a_broken_education_system_without_any_more_money).
(5) Eine schöne Erklärung, was ein konstruktiver Umgang mit Materialien bedeutet, findet sich auf: www.lacasanellaprateria.com/2012/11/montessori-e-linnovazione
(6) Interview veröffentlicht in „Marcondiro", September 1999. Es ist auch zu finden in dem Buch von Grazia Honegger Fresco *Montessori: perchè no?* (2. Auflage), Il leone verde 2017, p. 343.
Eine Studie des Gesell Instituts für menschliche Entwicklung (www.gesell-institute.org) von 2010 kommt nach dem Vergleich der Studienergebnisse zu dem gleichen Ergebnis identisch veröffentlicht 1925, 1940, 1964 und 1979 wie berichtet in: www.hepg.org/hel/article/479
(7) Maria Montessori, *La formazione dell'uomo*, Garzanti 1993.
(8) Montessorium (www.montessorium.com) ist nicht das einzige Unternehmen mit ähnlichen Produkten. Wenn Sie ein wenig Englisch können, empfehle ich Ihnen, die hitzige Diskussion zu lesen: http://www.mariamontessori.com/2010/11/23/montessori-apps-help-or-hinderance/

Anmerkungen zu Kapitel 7

(1) Vannevar Bush, *As We May Think*, „The Atlantic", Jull 1945, pp. 101–108, https://www.theatlantic.com/magazine/archive/1945/07/as-we-may-think/303881/
(2) Isaac Asimov, *VIsit to the World's Fair of 2014*, „New York Times", August 16, 1964, URL: www.nytimes.com/books/97/03/23/llifetimes/asi-v-fair.html
(3) Latitude, Robots Inspire New Learning & Creativity Possibilities for Kids, 2012, http://latd.com/blog/study-robots-inspire-new-learning-creativity-possibilities-kids/

(4) Nassim Nicholas Taleh, *Der Schwarze Schwan*. Albrecht Knaus Verlag, München 2015, ISBN 978-3-8135-0686-0.
(5) Alan Kay, US-Informatiker (en.wikipedia.org/wiki/Alan_Kay), hat diesen Satz ausgesprochen im Jahr 1971 bei einem Treffen des PARC, dem Xerox Palo Alto Research Center.
(6) Bronwyn Frver, *How Do Innovators Think?*, „Harvard Business Review", September 28, 2009, URL: hbr.org/2009/09/how-do-innovators-think
(7) Seine TED-Präsentation ist interessant: Will Wright baut Spielzeuge, die Welten kreieren (https://archive.org/details/WillWright_2007)
(8) James Altucher: *40 Allternatives To College* (www.slideshare.net/JamesAltucher/james-altucher-40-alternatives-to-college).
(9) Reihan Salam,*The Dropout Economy*, „TIMES magazine", March 11,2010, http://content.time.com/time/specials/packages/article/0,28804,1971133_1971110_1971126,00.html
(10) Maria Montessori, *The Education of the Adolescent,* conference at Kingsway Hall, Holborn, London, May 17th, 1939, in: „AMI Communications", n. 1, 1979, pp. 16–23.
(11) The presentation TED of Sir Ken Robinson: *How to escape education's death valley,* www.ted.com/talks/ken_robinson_how_to_escape_education_s_death_valley
(12) Maria Montessori, *La mente del bambino*, Gatzanti 1999, p. 2.

Anmerkungen zu Kapitel 8

(1) Andy Hunt, Pragmatic.Thinking & Learning, The Pragmatic Bookshelf 2008, p. 3.
(2) Digital Competence: Identifcatlion and European-wide validation of its key component for all levels of learners http://is.jrc.ec.europa.eu/pages/EAP/DIGCOMP.html
AÜ: Dort befindet sich ein Hinweis auf neue Publikation derselben Autorin Anusca Ferrari aus 2013: http://publications.jrc.ec.europa.eu/repository/bitstream/JRC83167/lb-na-26035-enn.pdf
(3) Der Bericht für 2012 lautet: https://www.nationalcollege.org.uk/sites/default/files/sites/default/files/economist_intelligence_unit_2012_learningcurve.pdf während auf: http://www.edudemic.com/new-skills-world-looking/ eine Zusammenfassung zu finden ist.
(4) Der letzte veröffentlichte Bericht lautet: https://eiuperspectives.com/talent-education/learning-curve-2014

(5) Bret Victor, Eine schlecht beratende persönliche Anmerkung zu „Medien zum Nachdenken über das Undenkbare“, steht am Rande einer Präsentation, die am 28. Mai 2013 im MIT Media Lab gehalten wurde: http://worrydream.com/MediaForThinkingTheUnthinkable/note.html
(6) Die Pressemitteilung: news.samsung.com/global/amazing-technology-intimidating-terminology

Anmerkungen zu Kapitel 9

(1) Siehe Punkt 3 der AMI – Satzung oder auch auf Webseiten vieler Montessori-Schulen.
(2) Daniele Novara, Metodo Montessori: meglio del digitale, „Un Pediatra Per Amico“, (deutsch: Montessori Methode: Besser als digital, „Ein Kinderarzt als Freund) 19. März 2014, URL: www.uppa.it/educazione/scuoIa/la-scuola-Montessori
(3) Eine Einführung in den umgedrehten Unterricht (flipped classroom), bei der es sich offensichtlich um einen Vorschlag für ältere Kinder handelt, Fundort: it.wikipedia.org/wiki/Insegnamento_capovolto
AÜ: Deutschsprachige Quelle: https://de.wikipedia.org/wiki/Umgedrehter_Unterricht
(4) *Oral History Interview with Steve Jobs*, http://americanhistory.si.edu/comphist/sj1.html
(5) Alan November, *Why schools must move beyond one-to-one computing,* „Educational Resources for Teachers“, February 10, 2013, URL: novemberlearning.com/educational-resources-for-educators/teaching-and-learning-articles/why-schools-must-move-beyond-one-to-one-computing
(6) Nicholas Carr, *Il lato oscuro della rete. Libertà, sicurezza, privacy.* Rizzoli Etas 2008.
(7) L.A. Unified to get $6.4 million in settlement over iPad software http://macdailynews.com/2015/09/29/l-a-unified-to-get-6-4-million-in-settlement-over-ipad-software/
(8) Maria Montessori, La mente del bambino, Garzanti 1999, p. 77.
(9) Der Artikel Eine Schule ohne Computer (gooddesignsociety.blogspot.ch/2011/10/a-school-with-computer.html) wurde übernommen von: Die Waldorfschule im Silicon Valley, Technologie kann warten), von denen es sich lohnt, die Kommentare zu lesen, auch wenn sie zig Seiten sind.
https://www.nytimes.com/2011/10/23/technology/at-waldorf-school-in-silicon-valley-technology-can-wait.html

(10) What Jobs Will Humans Have in the Future? (theinstitute.ieee.org/ieee-roundup/opinions/ieee-roundup/what-jobs-will-humans-have-in-the-future).

Anmerkungen zu Kapitel 10

(1) Backup Education? http://www.marcprensky.com/writing/Prensky-Backup_Education-EdTech-1-08.pdf
(2) Wolfram MathWorld (mathworld.wolfram.com) ist die größte Web-Sammlung von mathematischen Ressourcen.
(3) James C. Rosser Jr, Paul J. Lynch, Laurie Cuddihy, Douglas A. Gentile, Jonathan Klonsky, Ronald Merrell, The Impact of Video Games on Training Surgeons in the 2lst Century, „Archives of Surgery“, vol. 142, n.2, 2007, pp. 181–186
(4) Apple Watch non convince i millennials (www.cwi.it/tecnologie-emergenti/apple-watch-non-convince-i-millennials-77537).
(5) Tim Berners-Lee, Die Architektur des neuen Webs, Feltrinelli 2001, pp. 139–140. Der Text wird auch berichtet in: it.wikiquote.org/wiki/Tim Berners-Lee
(6) How to pop your Internet filter bubble https://www.computerworld.com/article/2508725/internet/elgan-how-to-pop-your-internet-filter-bubble-.html
(7) Eli Pariser, *The Filter Bubble*, Penguin (2012) und seine TED-Präsentation: *Beware online „filter bubbles“* (https://www.ted.com/talks/eli_pariser_beware_online_filter_bubbles).
(8) Aus einem Interview mit Jesse Hirsh: *Who are the New Newsmakers?* (rdigitalife.com/jesse-hirsh-full-interview-transcript-newsmakers-pt-1).
(9) Lawrence Block zitiert in: Mina Parker e Daniel Talbott, *Silver Linings: Meditations on Finding Joy and Beauty, in Unexpected Places*, Conari Press 2008.
(10) Nick Bilton, *I Live in the Future & Here's How It Works: Why Your World, Work & Brain Are Being Creatively Disrupted,*
(11) Natürlich gibt es Anwendungen wie Snapchat (www.snapchat.com), wo Nachrichten nach dem Lesen gelöscht werden, aber sie sind Ausnahmen.
(12) Nick Bilton, cit.

Anmerkungen zu Kapitel 11

(1) Beobachtung von Eric Sheninger, Senior Fellow and Thought Leader on Digital Leadership per I'International Center for Leadership in Education. (ericsheninger.com/esheninger/home).

(10) Patrizia Enzi, *Il computer nella casa dei bambini*, „Vita dell'Infanzia", vol. 54, n.9/10, 2005, pp. 10–17.
AÜ: Titel in dt. Sprache: *Der Computer im Kinderhaus*

(11) Diese spielerische Verwendung von Skype wird von Microsoft in seinem *Mystery Skype* vorgeschlagen. (education microsoft.com/skype-in-the-classroom /mystery-skype)

(12) Marina Ebrahim, Marco Minghini, Monia Elisa Molinari, Aldo Torrebruno, *Mini-Mapathon: mappare il mondo a 10 anni*, DIDAMATICA 2016, Udine 19–21 aprile 2016, pp. 90–99, URL: mondodigitale.aicanet.net/20163/DidamaticaSessioni/Metodologie/paper_90.pdf
AÜ: Name des Titels in dt. Sprache: *Mini-Mapathon: Weltkarte mit 10 Jahren*

(13) *Missing Maps* (www.missingmaps.org) ist ein offenes und kooperatives Projekt, in dem Sie Karten von benachteiligten Gebieten erstellen können, um humanitäre Organisationen zu unterstützen.

(14) Daphné Bavelier, Professorin und Neuro-Kognitionswissenschaftlerin cms.unige.ch/fapse/people/Bavelier
AÜ: Weitere Fundstellen: https://www.unige.ch/fapse/brainlearning/index.php /search/?search_paths%5B%5D=&query=Daphn%C3%A9+Bavelier&submit=Search http://neurocenter.unige.ch/groups/bavelier.php

(15) C. Shaw Green, Daphné Bavelier, *The Cognitive Neuroscience of Video Games*, in Paul Messaris, Lee Humpreys (eds.), *Digital Media: Transformations in Human Communication*, Peter Lang, New York 2006.
AÜ: Text als pdf -Datei http://psych.wisc.edu/csgreen/csg_CNofVGP.pdf

(16) Zitiert in: Sara Corbett, *Video Games Win a Beachhead in the Classroom,* „New York Times", September 15, 2010, p. MM54, URL: www.nytimes.com/2010/09/19/magazine/19video-t.htmI

(17) *‚You Have Died of Dysentery': How Games Will Revolutionize Education* (www.gamasutra.com/blogs/JohnKrajewski/20140114/208612/You_Have_Died_of_Dvsentery_How_Games_Willl_Revolutionize_Education.php).

(18) Autodesk (www.autodesk.de) ist ein weltweit führender Anbieter von 3D-Software für Design, Technik und Unterhaltung.

(19) *Terrific Science* (www.terrificscience.org) bietet innovative und spielerische Möglichkeiten, Wissenschaft zu lehren.

(20) Pierangelo Leone, *Un insolito campo da gioco: il piano cartesiano*, DIDAMATICA 2016, Udine 19–21 aprile 2016, pp. 38–41, http://didamatica2016.uniud.it/proceedings/dati/articoli/paper_38.pdf
AÜ: Name des Titels in dt. Sprache: *Ein ungewöhnlicher Spielplatz. Der kartesische Plan*

(21) Mario Montesano Montessori, *Quelle orribili matematiche*, „Il Quaderno Montessori“, n. I 15, 2012, pp. 53–61.
AÜ: Name des Titels in dt. Sprache: *Diese schreckliche Mathematik*
Abgedruckt in: DAS KIND, Heft 51/52

(22) *Historia: Game-Based Learning for Middle School History* (www.edutopia.org/blog/short-happy-history-of-historia-rick-brennan).

(23) Aussage im Wikipedia-Artikel zu Jimmy Wales (it.wikipedia.org/wiki/Jimmy_Wales).
Es ist daher falsch, wie von einigen berichtet, dass er eine Montessori-Schule besuchte.
AÜ: Das im o.a. Wikipedia-Artikel erwähnte Interview ist zu finden unter https://www.c-span.org/video/?188855-1/qa-jimmy-wales
Hier die Übersetzung des entsprechenden Abschnitts der italienischsprachigen Seite:
„... *Während seiner Kindheit zeichnete sich Jimmy durch seine Lebhaftigkeit und seinen unersättlichen Hunger nach Lektüre aus. Er erwarb die Fähigkeit zu lesen, als er drei Jahre alt war verschlang die Enzyklopädie, die seine Mutter kaufte. Er wurde als Kind in einer Schule unterrichtet, die von der Montessori-Bildungsphilosophie beeinflusst war, wo er viel Zeit verbrachte, Bände der Encyclopaedia Britannica zu lesen ...* “.

(24) Ein Wiki ist eine Webseite, die der Benutzer ohne besondere technische Kenntnisse bearbeiten kann. Sie können ein kostenloses Wiki auf verschiedenen Seiten, zum Beispiel auf Wikia, öffnen die eng mit Wikipedia verwandt ist. (www.wikia.com/Special:CreateNewWiki)

(25) Das bekannteste Projekt ist *Book in Progress* (www.bookinprogress.org): Lehrmaterialien ersetzen Lehrbücher, geschrieben von Lehrern des nationalen Netzwerks für Institute der ersten und zweiten Ebene. Leider hat die Initiative den Eigentümer gewechselt und ist geschlossen geworden.
Einige Kritikpunkte finden Sie unter: http://stop.zona-m.net/it/2014/10/cosa-non-mi-piace-di-book-in-progress/
Es hat sehr gut funktioniert statt Wikibooks (it.wikibooks.org), ein mehrsprachiges Projekt aus Wikipedia für das Verfassen von Lehrbüchern, Handbüchern, kommentierten Büchern, freien Inhalten und kostenlos, entwickelt in einer kollaborativen Form.

(26) Seymour Papert, Mathematiker, Informatiker und Pädagoge ist leider am 31. Juli 2016 verstorben. (de.wikipedia.org/wiki/SeymourPapert),

(27) KODU Game Lab (https://www.kodugamelab.com/).

(28) Die oben erwähnten Programmiersprachen Scratch (scratch.mit.edu) und Blockly (blockly-games.appspot.com) werden von den von Code.org (code.org) zur Verfügung gestellten Unterrichtsressourcen unterstützt.

(29) *LOGO* ist eine Programmiersprache, die stark auf Grafik und Grundgeometrie ausgerichtet ist und in den 60er Jahren von Seymour Papert konzipiert und realisiert wurde.
https://de.wikipedia.org/wiki/Logo_(Programmiersprache
Viele Beispiele für die Verwendung des LOGO in der Grundschule, auch von mehr historischem Interesse, sind zu finden in: Seymour Papert, Cynthia Solomon, s.o.

(29Ü) Der an diesem Thema interessierte Leser sei hingewiesen auf https://classic.csunplugged.org/
Dort ist unter https://classic.csunplugged.org/wp-content/uploads/2015/03/CSUnplugged_OS_2015_v3.1.pdf eine 243-seitige englischsprachige pdf-Datei zu finden, und unter https://classic.csunplugged.org/wp-content/uploads/2014/12/CS_Unplugged-de.pdf eine 51-seitige deutschsprachige pdf-Datei, die ersten 5 Kapitel der o.a. englischsprachigen Datei umfassend. Weiterhin https://www.sonnentaler.net/aktivitaeten/informatik/programmieren/123-kodiert/ und https://troeger.eu/unplugged

(30) *Smart Coding* (www.smart-coding.it) ist ein von Samsung gesponsertes Projekt zum Thema Lehre und computergestütztes Denken.
AÜ: Internetrecherche ergab:
www.smart-coding.it funktioniert
Die webadresse smart-codimg.de ist inaktiv und verkäuflich.
https://eeducation.at/fileadmin/user_upload/Samsung-Coding.pdf ist eine österreichische funktionierende Webadresse.

(31) CoderDojo Italia (www.coderdojoitalia.org) koordiniert diese „Schulen“.

(32) Giovanni Marcianò, *Usare il linguaggio LOGO per costruire micromondi:* http://www.robocupjr.it/margi/pubblicazioni/1203.pdf
AÜ: Name des Titels in dt. Sprache: *Mit der Sprache LOGO Mikrowelten erstellen*

(33) Die Erfahrung stammt aus dem Montessori-Zweig der Grundschule von Casarano (LE).
Ich danke der Lehrerin Donatella Bruno, dass sie mich in dieses Projekt eingeführt hat. Details zum Bee-Bot-Roboter finden Sie unter: www.bee-bot.us

(34) Mollie Elkin, Amanda Sullivan, Marina Umaschi Bers, *Implementing a robotics curriculum in an early childhood Montessori classroom*, „Journal of Information Technology Education: Innovations in Practice“, vol. 13,

2014, pp. 153–169, http://www.jite.informingscience.org/documents/Vol13/JITEv13IIPvp153-169Elkin882.pdf

(35) Federica Carla Tamburini, *Dal codice al robot: un'esperienza alla scuola primaria,* DIDAMATICA 2016, Udine 19.-21. April 2016, pp. 46–56 http://didamatica2016.uniud.it/proceedings/dati/articoli/paper_46.pdf
Die Roboter *mBot* (www.makeblock.com/mbot) und *mBlock* (www.mblock.cc) basieren auf einer Sprache ähnlich wie Scratch.
AÜ: Name des Titels in dt. Sprache: *Vom Code zum Roboter: Eine Erfahrung in der Grundschule,*

(36) Patrizia Battegazzore, Simonetta Siega, Amanda Trovò, *Imparare la geometria con I robot*, DIDAMATICA 2016, Udine 19–21 aprile 2016, pp. 93–108, http://didamatica2016.uniud.it/proceedings/dati/articoli/paper_93.pdf
AÜ: Name des Titels in dt. Sprache: *Geometrie lernen mit Robotern* Die Beschreibung des Scribbler Roboters finden Sie auf der Website des Herstellers: www.parallax.com/product/28333

(37) Robotik im Klassenzimmer (www.progetto-e-robot.it) entstand im Rahmen des MIUR *e-Robot-Projekts* und bietet Schülern und Lehrern einen multimedialen Weg zur Erforschung der Welt der Robotik. Die Lehrer können Ideen, Material und Hilfe zur Durchführung von Bildungsrobotik im Klassenzimmer finden.

(38) LEGO WeDo (education.lego.com/en-us/elementary/shop/wedo-2). Es scheint jedoch nicht in Italien verkauft zu werden.
AÜ: Informationen in deutscher Sprache https://education.lego.com/de-de/product/wedo-2?CMP=KAC-EDDE17JulWeDo2.0AdwordsDEadwordsWeDo

(39) KIBO (kinderlabrobotics.com/kibo) ist ein Robotik-Kit speziell für Kinder im Alter von vier bis sieben Jahren, entstanden aus einer Idee von Prof. Umaschi Bers (http://sites.tufts.edu/mbers01/) in diesem Abschnitt erwähnt.

(40) Die Scuola di Robotica (Schule für Robotik; www.scuoladirobotica.it) zielt darauf ab, Kultur durch Lehre, Ausbildung, Bildung und Verbreitung der Künste und Wissenschaften zu fördern, die am Entwicklungsprozess dieser neuen Disziplin beteiligt sind.
AÜ: Website in englischer Sprache https://www.scuoladirobotica.it/en/homesdr.html

Anmerkungen zum Nachwort

AÜ: Sämtlich Anmerkungen des Übersetzers

(1) Greg MacDonald, Die Fächer übergreifende Funktion der Kosmischen Erziehung, in: Eckert, Ela u. Fehrer, Malve (Hrsg.): Kosmische Erzählungen in der Montessori-Pädagogik, Berlin (2015/2), S. 262–281
Darin auf S. 262/263: Montessori, Maria: 1973, p. 4
(Der amerikanische Autor bezieht sich auf Zitate aus den englischen Ausgaben der Werke Montessoris. Seine Zitate sind daher nach diesen Vorlagen übersetzt und mit den englischen Quellen angegeben.)

(2) Salvenmoser, Christiane: Kosmisch denken-kosmisch lehren-kosmisch handeln/Ein Paradigmenwechsel in Schule, Gesellschaft und Welt und streng genommen auch in der Montessori-Welt, in: Eckert, Ela u. Fehrer, Malve (Hrsg.): Kosmische Erzählungen in der Montessori-Pädagogik, Berlin (2015/2), S. 282–293. Das Zitat befindet sich auf S. 289.

(3) Haspel, Saskia: Kosmische Erziehung Gestern – Heute – Morgen/ Vom Prinzip zur Montessori-Schule der Zukunft, in: Eckert, Ela u. Fehrer, Malve (Hrsg.): Kosmische Erzählungen in der Montessori-Pädagogik, Berlin (2015/2), S. 294–310. Das Zitat befindet sich auf S. 295.

(4) Eckert, Ela: Mario M. Montessori und die Entwicklung der Deutschen Montessori Gesellschaft, in: DAS KIND, Heft 51/52 (2012), S. 28 – 37. Die Fundstellen befinden sich auf S. 34 und S. 37

(5) Eckert, Ela: Mario M. Montessori und die Entwicklung der Deutschen Montessori Gesellschaft, in: DAS KIND, Heft 51/52 (2012), S. 28 – 37. Das Zitat befindet sich auf S. 37

(6) Salvenmoser, Christiane: Kosmisch denken-kosmisch lehren-kosmisch handeln/Ein Paradigmenwechsel in Schule, Gesellschaft und Welt und streng genommen auch in der Montessori-Welt, in: Eckert, Ela u. Fehrer, Malve (Hrsg.): Kosmische Erzählungen in der Montessori-Pädagogik, Berlin (2015/2), S. 282–293. Das Zitat befindet sich auf S. 292.

Hinweis des Übersetzers

Der Autor Mario Valle schreibt auf auf seiner website (http://mariovalle.name/montessori/libro-nuove-tecnologie/errata.html)

„Theoretisch sollte derjenige, der etwas ins Netz stellt, sicherstellen, dass sein Beitrag nicht verschwindet oder sich bewegt. In diesem Fall gibt es sehr einfache technische Mechanismen, um die Anforderung an den neuen Standort umzuleiten. Leider halten sich nicht alle an diese Höflichkeitsregel und hier sind die notorischen toten Links. Die Links waren korrekt, als ich den Text an den Verlag schickte. Fünf Monate später bestand die Notwendigkeit, diese fehlerhafte Korrespondenz bereits vor der Veröffentlichung des Buches zu veröffentlichen."

Eingedenk dieser Erfahrung von Mario Valle erbittet der Übersetzer Wolfgang Wedekind entsprechende Hinweise, diese deutschsprachige Ausgabe des Buches betreffend.

Bitte senden Sie diese an: w.wedekind@web.de

Veröffentlichung im Netz erfolgt auf www.montedigi.de